리더처럼
비서하라

아무도 가르쳐주지 않는 공직 비서 이야기

리더처럼 비서하라

초판 1쇄 인쇄	2018년 9월 1일
초판 1쇄 발행	2018년 9월 1일
지은이	임수용
발행인	유준원
고문	강원국
편집장	서정현
디자인	김영진
발행처	도서출판 더 클
공급처	명문사, 북센
출판신고	제2014-000053호
주소	서울시 금천구 가산디지털 1로 212, 709-3(가산동, 코오롱애스턴)
전화	(02) 857-3086
팩스	(02) 2179-9163
전자우편	thecleceo@naver.com
ISBN	979-11-86920-22-0 (13300)

아무도 가르쳐주지 않는
공직 비서 이야기

리더비처서럼하라

저자 **임수용**

프롤로그

　　'선생님 안녕하세요. 여기는 봄비가 추적추적 내리네요. 다름이 아니라 부탁 좀 드려도 될까해서요. 7월 5일자로 발령이 난다는 전화를 방금 받았습니다. 예정 근무지가 군청 내 군수님실이라고 하더라고요. 찾아봤는데 정보도 거의 없고 제가 현직에 아는 분들도 없어서요. 염치없지만 샘께 부탁 좀 드려도 될까요?'

　　어느 날 한 통의 문자가 나에게 왔다.

　　"수용아, 이 녀석 첫 발령이다. 비서실 근무면 뭘 준비해야 하나? 네 경험으로 뭔가 한마디 해주면 고맙겠다."

　　힘들었던 노량진 수험생활, 어머니처럼 여겼던 학원 은사님이었다. 전화를 걸었다. 은사님은 아직도 비서 업무를 하고 있냐고 물으시며, 공무원 시험에 합격한 친구가 첫 발령을 받았는데 공교롭게도 군수실 비서 요원으로 발령을 받았다고 말씀하셨다. 공직 비서에 관한 정보가 없어서 막막하던 차에, 아무 이야기라도 해줬으면 좋겠다면서 연락하신 것이다.

전화를 끊고 과연 내가 조언할 자격이 있을까?를 생각하면서도 어느새 점점 무슨 조언을 해줄지 고민하는 나를 느꼈다. 그래서 그 후배에게 연락을 해봤다. 거창한 질문(?)이 예상되었지만 후배의 첫 질문은 다름아닌 '정장이 많이 필요할 거 같은데 혹시 몇 벌 정도 가지고 계세요?'였다.

생각지도 못한 질문이었다. 그러다가 '아! 이런 것들도 궁금할 수가 있겠구나.'하면서 이런저런 이야기를 나누었던 것 같다. 그러면서 비서로 발령받아 업무를 처음 한 순간부터 4년 여가 지난 지금까지의 일들이 주마등처럼 스쳐 지나갔고, 후배들에게 '정장이 몇 벌 필요하다.'는 답변 이외의 것을 더 알려줘야겠다는 생각이 들었다. 그때부터 비서 일상의 일들과 느낀 점들, 다른 비서들로부터 들었던 일들을 조금씩, 조금씩 수첩에 적기 시작하였다.

물론 내가 비서로서 어떤 혁혁한 공을 세웠거나, 큰 성공을 거둔 것이 아니었기에 책을 내기까지 많이 머뭇거리기도 하였다. 이 나이에 무슨 일을 했다고 세상에 나를 보이겠는가. 하지만 막상 쓰고 나니, 자랑이 아니라 비서를 꿈꾸는 후배들에게 선배로서의 조언하는 책 한 권 쯤은 세상에 있어도 되겠다는 마음이 들었다. 실수도 하고, 고생도 하지만 그래도 비서라는 직업에 보람을 느끼는 일선 공직 비서의 이야기가 세상을 그리 불편하게 할 것 같진 않았다. 또 최근 언론에서 보여지는 비서 갑질 논란은 몇몇 극소수의 일이고, 세상에는 정말 멋진 리더들과 그들을 존경하여 마음으로 따르는 비서들이 많다는 것도 보여주고 싶었다.

일단은 책 전반에 걸친 이야기는 나의 짧은 경험이기에 다소 빈약할 수도 있고, 어쩌면 조금은 딱딱한 실무적인 내용일 수도 있다. 아울러 내가 리더가 아니기에 '비서를 통해 리더가 되는 비법'을 제시하지도 못한다. 다만 현재 공직 비서를 하고 있거나, 앞으로 공직 비서를 하게 될 누구에게는 조금이나마 도움이 될 수 있을 것이라고 감히 생각하며, 지금 이 순간에도 묵묵히 자신의 자리에서 업무를 하고 있는 세상 모든 비서들께 이 책을 바친다.

"대인춘풍 지기추상(待人春風 持己秋霜)을 몸소 가르쳐주시고 비서로서 더 넓은 세상을 경험하게 해주신 나의 리더! 전라북도 송하진 도지사님께 머리 숙여 깊이 감사드립니다."

비서의 프리미엄은
다른 말로 '생각의 확장'입니다.

당신께 '비서의 프리미엄'을
선물합니다.

CHAPTER 3 비서 마인드가
리더를 최고로 만든다

CHAPTER 4 리더의 시간을 가치 있게,
핵심 업무기술 8가지

CHAPTER 1

리더의 곁에서 배우는
최고의 감각

01

혹시 비서 업무,
해볼 생각 있나요?

리더를 닮아가다

'따르릉'

어느 날 사무실에 앉아 있던 나에게 한통의 전화가 걸려왔다.

"도지사비서실인데요, 잠깐 뵐 수 있을까요?"

"네?"

비서실에서 부를 일이 없을 텐데 하는 생각이 끝나기도 전에 나는 황급히 내려갔고 비서실장님과 비서관님을 만났다.

"혹시 수행 비서 업무를 해볼 생각이 있나요?"

책상 위에는 이미 내 이력서가 놓여 있었고, 실장님과 비서관님은 이미 나에 대해 어느 정도 파악한 눈치였다. 편안한 분위기에서 여러 질문들이 오고갔는데, 지금 생각해 보니 일종의 면접이었던 듯하다.

면담이 끝나고 난 뒤 "좀 더 생각해 보고 다시 말씀 드리겠습니다."라고 답했다. 그러자 실장님과 비서관님은 의외라는 표정을 지었다.

'어, 내가 뭐 실수했나?'

이런 내 생각을 아는지 모르는지 "혹시 못할 거면 우리도 다른 사람을 찾아야 하니까 되도록 빨리, 늦으면 내일까지는 가부를 말해주면 좋겠다."고 대화를 마무리했다.

'비서라…'

문을 열고 나오면서 중얼거림이 나도 모르게 터져 나왔다. 사실 살아오면서 '비서'라는 단어와 내가 마주한 적이 얼마나 있었을까. 그런데 전라북도의 큰 리더인 도지사님을 수행하라니…. 비서의 주된 업무가 뭐지? 전화 받고 스케줄 보고하고 뭐 그런 건가?

머리가 복잡했지만 그렇다고 누군가와 상의하기도 좀 그랬다. 인사는 언제나 민감한 문제. 결정되지 않은 일을 동료에게 꺼낸다는 것 자체가 조심스러울 수밖에 없었다. 결국 고민 끝에 공무원으로 퇴직하신 아버지께 전화를 했다. 전후 이야기를 드렸더니 평소 차분하신 아버지가 다소 격앙된 목소리로 "당장 찾아뵙고 비서를 한다고 해!"라고 단호하게 재촉하시는 게 아닌가.

아버지의 강한 조언에 나도 모르게 어느새 빠른 걸음으로 비서실을 향하고 있었다. 아까의 당당함은 접어둔 채 조심스럽게 문을 열고 머뭇거리며 "저… 비서를 해보겠습니다."라고 말했다. 그러자 실장님은 곧바로 비서실 식구들에게 "지사님의 새 수행 비서입니다."라는 말과 함께 나를 소개하셨고 다음 날부터 나는 수행 비서가 되었다.

어느 사이 리더를 닮아가고

"네? 5년 차 공직 수행 비서라고요?"

사기업의 회장, 사장의 비서와는 조금 다르게 공직 비서의 기간은 생각보다 짧다. 1년 정도면 기본은 한 거고 2년이면 베테랑 취급, 3년이면 거의 장수했다고 본다. 왜냐하면 공직 중에서도 비서가 있는 직위는 중앙부처에서는 장관과 차관, 지방자치단체에서는 단체장과 부단체장 정도인데, 선출직이 아닌 임명직은 임기가 1~2년 정도, 정말 길어도 3년을 넘지 않기 때문이다.

임명직 공무원이 바뀌게 되면 비서 또한 바뀌는 것이 통상적이다. 선출직인 지방자치단체장의 임기는 4년이지만 주민들의 신임을 받기에 연임한다는 것 또한 어렵고, 또 그 중간에 비서를 바꿀 수도 있기 때문에 5년 차 정도면 극히 소수이다.

나는 내가 모시는 리더(리더라 통칭)가 70% 넘는 도민들의 지지로 다시 당선되었고, 리더가 계속해서 비서의 업무를 맡겨준 덕분에 5년 차 비서 업무를 맡고 있다.

나도 쭈뼛거리며 긴장된 얼굴로 명함을 돌리던 일이 엊그제 같은데, 지금은 신입 비서들의 신고(?)를 받으며 새로 온 수행 비서들끼리 연결해주는 역할을 맡고 있다. 지역 내에서도 많은 행사를 다니다 보니 타 기관의 비서들을 자주 만나게 되는데 언젠가부터 나를 '비서계의 화석'이라고 부르기 시작했다. 서로의 입장을 잘 알기에 자연스레 모이기도 하고, 그 바쁜 와중에서도 아예 공식적으로 만나는 모임을 결성하기도 한다.

나도 시도지사 비서들과 대학 총장, 시장·군수, 지역 내 은행, 공공기관장들의 비서들과 다양한 모임을 하고 있다. 주로 단체 채팅방을 개설해 비서 업무를 수행하는 팁과 정보를 서로 공유하기도 하고 지역의 현안 등에 관해서 의견을 나누기도 한다. 사석에서 직접 얼굴을 보는 경우는 두 달에 한 번 정도가 될까 말까다. 어느 만남보다 서로를 이해하기에 일단 만나면 반가움이 가득하다.

비서들은 기본적으로 모시는 사람들을 닮게 마련이다. 처음 발령을 받아 수행하기에 정신없었던 비서들이 어느 새 리더를 닮아가고 어느 순간 리더의 말투, 리더의 걸음걸이, 리더의 행동이 몸에 배어 있다. 그래서 가끔은 비서들의 모임에서 그들이 모시는 리더의 행동을 보게 되는 경우 나도 모르게 저절로 웃음이 난다.

나 역시 마찬가지다. 적지 않은 세월을 비서로 보내고 있으니 지사님의 행동을 나도 모르게 따라한다. 내가 존경하는 리더를 닮아가는 것이다. 그만큼 비서의 시간들은 어렵지만 가치가 있는 순간이다. 리더가 된다는 것은 책 몇 백 권으로는 힘들다. 타고 나기도 해야 하지만, 여러 방면에서 인생의 경험과 깊은 사고, 판단력 등이 합쳐져 리더가 된다.

도지사는 지역의 최고 리더이다. 다시 말해 내가 모시는 리더는 리더를 꿈꾸는 사람이라면 배우고 싶은, 말 그대로 움직이는 전설의 참고서다. 나는 그런 분의 옆에서 싫든 좋든 그를 보고 사니, 남들 한번 보기 힘들다는 참고서를 끼고 사는 셈이다.

어느 날이었던가. 모 시청에 근무하는 후배에게서 전화가 왔다. 후배는 '시장님 비서' 제안이 왔는데 어떻게 해야 할지 모르겠다는 것이다. 나는 나도 모르게 어느새 우리 아버지가 했던 것처럼 단호한 말투로 "지금 당장 가서 하겠다고 해!"라고 말하고 있었다. 왜냐고? 비서라는 직업이 주는 매력을 충분히 알고 있었기 때문이다. 직장을 다니면서 개인적인 성장을 경험할 수 있는 것, 어디서 할 수 있겠는가. 비서는 그것이 가능하다.

PREMIUM
TIP

비서들은 기본적으로 모시는 사람을 닮게 마련이다. 처음 발령을 받아 수행하기에 정신없었던 비서들이 어느 새 리더를 닮아가고 어느 순간 리더의 말투, 리더의 발걸음, 리더의 행동이 몸에 배어 있다.

　　　　　　　　　　　　CHAPTER 1 리더의 곁에서 배우는 최고의 감각

02

비서가 된 첫날

역사에 리더가 생기면서 비서도 탄생

적지 않은 시간이 흘렀지만 비서가 된 첫날, 처음으로 리더를 만났을 때를 아직도 또렷하게 기억한다. 그때 나는 댁에서 나오신 리더에게 자동차 문을 열어드리려고 서 있었다. 흔히들 본 적 있지 않은가? TV에서 보면 회장님들이 나오실 때 말끔한 정장차림의 젊은 비서가 대기하고 있다가 차의 뒷좌석 문을 열어주는 장면 말이다.

그런데 리더가 나오실 때쯤 너무 긴장해서였는지 갑자기 헷갈렸다. 운전석 뒷자리 문을 열어야 하는 건지, 아니면 조수석 뒷자리 문을 열어야 하는 건지 말이다. 말끔하게 폼은 잡았는데 내용은 없었던 셈이다. 지금 생각해 보면 왜 그랬나 싶다.

차량은 조수석 뒷자리가 상석이라고들 하는데 나는 그 반대로 운전석 뒷자리를 열었다. 그러자 리더는 반대쪽으로 가시면서 차 문을 열고 타셨다. 아뿔사! 그 순간부터 나는 무슨 큰 잘못을 한 것처럼 식은땀이 나기 시작했다. 보조석에 탔지만 뒤통수가 따가웠다. 그때 리더가 웃으시면서 하신 말씀이 아직까지 기억에 남는다.

"자동차 문을 열어주는 비서가 되지 말고 정책적으로 조금이라도 조언을 해주는 비서가 되어주길 바라네. 또 나중에 비서가 없게 되면 혼자 할 줄 아는 게 아무것도 없어질 수도 있으니까 나를 그렇게 만들지 말아주게."

그 순간 밀려오는 감정은 뭐라 형용할 수가 없었다. '아 저런 분이 내가 모실 분이구나.'라는 감격이 올라왔던 듯하다. 어떤 단체장님은 흔히 말해 '소년 출세'한 케이스로, 30대부터 비서가 있어왔기 때문에 공과금 내는 방법, 지하철 타는 방법, 신용카드로 계산하는 방법을 몰라 은퇴 후 애를 먹었다고 한다. 그런 사람도 있는 반면, 나의 리더같은 분도 있었다. 그래서 그때의 그 말씀을 지금까지 가슴 속에 담고 또 그대로 실천하려고 노력 중에 있다.

왜 사람들은 비서에 대해 잘 모를까

비서는 본래 비밀문서를 취급한다든가 연락업무를 담당하는 사람을 일컬었다. 역사상 '비서'라는 단어가 첫 등장한 것은 중국에서부터였다. 중국 삼국시대 촉나라에서 비서령(秘書令), 위나라에서는 비서감(秘書監)이라는 직책이 그것이다. 구품관인법에서는 종삼품에 해당했다.

서양의 경우 비서는 지방부호의 서기로 일하면서 이웃 문맹자들의 편지도 대신 써주는 지방지식층을 통칭하기도 했다. 또 15세기의 영국에서는 비서(secretary)가 왕의 문서를 처리하는 사람의 뜻을 가졌으나, 그 뒤 정부나 고위공직자에게 소속된 개인보좌원도 비서라고 불리게 됐다.

특히 왕의 일을 맡아보는 비서는 국가비서(secretary of states)라고 하였는데, 미국에서 국무장관을 국가비서와 같은 말로 쓰는 것도 이와 같은 연유에서 유래한다. 서구에서 비서는 산업혁명 이후 그 역할범위와 중요성이 커졌으며 오늘날에는 단순한 사무가 아니라 리더의 업무 방침에 따른 사후관리, 중요기밀문서 취급 등을 담당하고 있다.

우리나라에서는 신라시대의 비서감(秘書監), 고려 때의 승선(承宣), 조선 때의 승지(承旨) 같은 직책이 비서에 해당됐다고 볼 수 있지만, 오늘날과 같은 비서라는 직업의 등장은 개화 이후, 특히 광복 이후라고 하겠다. 시기별로 살펴보면 미국식 막료제도(staff)와 비서직 도입기(1945~1960), 군사혁명정부의 막료제도 도입과 사기업조직의 비서·막료제도 도입기(1961~1970), 고도경제성장과 전문직 비서의 도입기(1970~1980), 비서직의 도약기(1981~현재) 등으로 나눠진다고 한다(한국민족문화대백과 발췌).

이럼에도 불구하고 21세기인 지금까지도 비서직이 윗사람에게 개인적으로 종속된 고용인이자 일상적인 잡무를 처리하는 보조인이라는 인식이 남아 있다. 비서라는 직업에 대해 잘 알지 못하기 때문이다. 아마도 규모가 있는 조직에는 비서실이 있지만, 그렇지 않은 조직이 더 많기 때문이기도 하다.

아울러 접근성이 쉽지 않다는 점도 비서에 대해 사람들이 잘 모르는 이유 중 하나다. 비서의 비가 숨길 비(秘) 자를 쓰는 것처럼 비서가 업무를 수행하는 과정에서 일어나는 일은 비밀 엄수가 기본 중의 기본이다. 또한 리더와 함께 있기 때문에 그의 장점, 단점 모두를 알고 있으며 사생활도 당연히 알게 된다. 다시 말해 리더의 가장 가까운 사람이면서 리더의 대부분을 알고 있는 사람이다. 옛날 같았으면 전쟁시 최우선적으로 생포해야 하는 직업군이다.

비밀이 많고 노출이 되지 않았기에 일반인들에게는 대중적이지 못한 직업인 셈이다. 몇 년 전 직장인들을 놀라게 한 '삼성그룹 사장단 47%가 비서실 출신'이라는 신문 기사가 있었다. 사장단의 절반이 비서실, 그것도 삼성이라는 대기업에서. 이 부분이 시사하는 것이 무엇일까?

PREMIUM
TIP

혹여 지금 이 글을 읽고 있는 사람 중에 비서의 업무를 할 수 있는 기회가 온다면 비서라는 업무에 도전하라. 언제 어디서든 리더를 모시는 일이 쉽지 않지만, 조직의 최고 결정권자가 어떻게 의사결정을 하는지 가장 가까이에서 볼 수 있고, 그것도 이론이 아니라 직접 현장에서 몸으로 배울 수 있다. 이것만으로도 충분히 시간을 투자할 가치가 있다.

03

리더의 관점에서 생각하기

책임지는 사람의 관점

《리더의 그릇》 저자인 나카지마 다카시는 일본 최고의 경제경영 베스트셀러 저자다. 그는 경영컨설턴트로 활동하면서 약 3만명의 기업 리더들을 만났는데, 성공하는 이들에게는 공통점이 있다는 사실을 발견했다. 1년 뒤, 2년 뒤의 목표가 구체적이고 분명했으며, 늘 사업에 대한 아이디어가 넘쳐났다. 꼭 성공을 위한 게아니라 자신이 정말로 하고 싶은 일을 위한 아이디어를 냈다.

그는 성공하는 리더의 근본에는 '창의성'이 있다는 결론을 내렸다. 겉으로 보이지 않는 창의성의 출발은 '호기심'과 '물음표'에서

CHAPTER I **리더의 곁에서 배우는 최고의 감각**

시작한다. 바로 '왜'가 그것이다. 리더는 이런 '왜'를 항상 생각하는 사람이다.

왜? 피자는 둥글게만 만들까? 세모피자는 어떨까?

왜? 컴퓨터 키보드는 직사각형의 형태로만 되어 있을까?

성공하는 리더들은 이런 보편적이고 익숙한 것에 대해 의문을 갖는 경우가 많다. 이를 다른 말로는 '리더의 관점'이라고 지칭한다. 그렇다면 비서의 관점은 어떨까? 비서 출신이며 '삼성 사장단 47%가 비서출신이다.'라는 키워드로 센세이션을 일으켰던 조관일 저자의 《비서처럼 하라》에서는 '비서는 남과는 다른 관점을 갖고 있다. 즉 다른 방향에서 보고, 생각하고, 행동한다.'고 정의한다.

그렇다. 비서의 관점은 일반인과는 확연히 다르다. 생각하는 것, 보는 것, 말하는 것, 행동하는 것, 매너, 자기계발 등 차이가 있다. 비서는 조직에서나 인생에서나 성공한 사람을 가장 가까이에서 보좌한다. 평소에 그러한 리더의 말, 행동, 태도 등을 보면서, 또 리더가 만나는 또 다른 리더를 통해서 자연스럽게 많은 것을 배우고, 느끼게 된다. 원하든 원하지 않든 수준이 높아지는 것이다.

또 내가 모시는 리더와 그 리더들의 지인들이 보여주는 여러 존경스러운 면모와 인품을 자주 접하게 되면 비서 스스로도 거친 말과 행동을 자제할 수밖에 없다.

리더의 품위가 비서에게도 옮겨지는 것이다. 품위뿐만 아니다. 문제를 해결하는데 있어서도 차이가 발생한다. 나는 비서 업무를 하면서 종종 주변 사람들의 개인적인 고민을 들을 때면 조언을 쉽게 하지 않는다. 여러 번 그 부분을 생각하고 입체적으로 바라본 뒤, 조언하는 방식을 결정하고 거기에 맞는 단어들을 선별하려고 한다.

듣는 사람에 따라서는 속 시원하게 문제를 풀어주지 않는 느낌도 들겠지만, 대부분은 그런 신중한 자세로 고민을 듣고 또 답을 주면 굉장히 감사해한다. 원래 내가 이런 방식을 지니고 있었던 것은 아니다. 비서를 하면서 내가 모시는 리더의 관점과 입장을 하루에도 몇 번씩 나에게 대입해보다 보니 생긴 방식이다.

어느새 나도 모르게 내가 모시는 리더의 입장에서 보게 되고, 리더처럼 판단하게 된 것이다. 더욱이 비서는 리더가 신경쓰지 못하는 사소한 부분에 집중해야 한다. 그렇다 보니 사소한 것까지도 신경을 쓰지만 동시에 전체를 보는 안목까지 지니게 된다.

성숙하고 품위 있는 사람이 되고 싶다는 마음으로

《비서처럼 하라》에서는 이런 부분이 있다.

"주인은 자기 일이니까 열심히 하지만, 머슴은 새경을 받기 위해 일한다. 주인은 힘든 일도 즐겁게 하지만, 머슴은 쉬운 일도 괴로

위 억지로 한다. 주인은 일이 힘들어도 내일의 보람을 위해 참고 도전하지만, 머슴은 힘든 일만 골라서 피한다. 주인은 미래를 생각하지만, 머슴은 오늘만 생각한다. 주인은 손해를 보더라도 필요한 일은 하지만, 머슴은 눈꼽만큼도 불리하거나 손해 볼 일은 하지 않는다. 주인은 사소한 일도 꼼꼼히 챙기지만, 머슴은 대충대충 시늉만 하고 넘어간다.(후략)"

맞는 말이다. 내가 어떤 관점으로 업무에 임하느냐에 따라 결과물이 달라진다. 혹자는 이에 대해 "그렇게 열심히 해봐야 남 좋은 일만 시키는 것 아니냐. 차라리 자기 사업을 할 때 그렇게 하라."고 반발하기도 한다. 태어날 때부터 리더로 태어나는 사람은 극히 드물다. 우리는 살아가면서 삶의 방식을 배우고 또 자동적으로 습득한다. 주인의식 역시 마찬가지다. 연습하고 경험하지 않으면 쉽게 생기지 않는다. 그저 '이것이 내 것'이라는 주인의식이 아니다.

같은 일을 하는데, 한 명은 '이 일을 함으로써 나는 월급을 받는다.'고 생각한다. 또 다른 한 명은 '이 일을 함으로써 우리 조직이 좀 더 단단해지고 발전한다.'고 생각한다. 이 두 사람 중에서 나중에 리더로 성장할 수 있는 사람은 누구일까?

"존경받는 리더의 비서를 할 수 있다면 꼭 해라. 그러나 높은 사람의 눈에 들게 하기 위해서 한다면 매일매일이 괴로워질 것이다. 좀 더 성숙하고 품위 있는 사람이 되고 싶다는 마음으로 도전하

라. 그럴 경우엔 노력하면 할수록 변해지는 자신을 발견하게 될 것이다. 무엇보다 세상을 바라보는 눈이 달라진다. 나도 모르게 저절로 리더의 관점으로 바라보게 되니까 말이다."

주인의식의 근간은 '책임감'이다. 책임감은 오랜 훈련과 여러 경험 등을 통해 쌓여지는 귀한 능력이다. 리더는 이 '책임감'이 남들보다 더 많고 일상화되어 있는 부류다. 리더의 관점은 '책임을 지는 사람의 관점'이라고 봐도 무방하다. 책임감이 있는 사람과 없는 사람의 차이는 굳이 설명하지 않아도 알 것이다.

PREMIUM
TIP

비서 출신이 리더가 되는 경우가 많다. 리더의 관점으로 보고, 리더의 책임감을 배우기 때문이다. 리더의 관점으로 회사나 업무를 바라보게 되면 저절로 주인의식이 생겨난다. 그때부터는 내가 하는 모든 일에 의미와 가치가 달라진다.

04

아버지와 어머니처럼,
때로는 친구같이

타인을 기쁘게 할 수 있는 일 , 비서

자신의 일을 충실히 이행하면서 타인에게 기쁨을 줄 수 있다면 거기서 오는 행복감은 엄청날 것이다. 어찌하다 보니 이 세상은 적자생존의 구조를 가지고 있다. 적자생존은 지금뿐만 아니라 인류가 탄생했던 그 순간부터였을지도 모른다.

사회 속에서 우리는 누군가를 이기고 제압하며 살아간다. 또 자기 이익을 위해 매일 경쟁에 나선다. 하지만 적자생존의 한켠에는 타인과 어울리고 그들을 돕고 나아가 자신을 희생하는 인류애 역시 인간의 역사에서 당당히 한 자리를 차지하고 있다. 인간만이 가진 희생을 통한 기쁨이야말로 인간일 수 있는 유일한 이유인지도 모를 일이다.

"아버지처럼 모시면 된다"

한동안 신문을 떠들썩하게 했던 기업 회장님 갑질 논란이나 장군 공관병 갑질 논란을 보면서 나는 잠시 행운아라는 생각을 했었다. 어쩌면 평생 모셔야 하는 오너 기업의 회장 비서, 극심한 경쟁 속에 있는 사기업 CEO의 비서가 아니라 공무원으로서 비서이기 때문이었다. 또한 내가 모시는 리더는 '대인춘풍 지기추상(待人春風 持己秋霜)'을 몸소 실천하시는 지역에서 존경받는 리더이기 때문이었다.

한 번은 비서 모임에서 업무 인수인계서와 관련된 이야기가 나왔었다. 여러 이야기 중 기억에 남는 말이 있었다. 모 군청에서 새롭게 수행 비서를 하게 된 사람이, 전임자에게 군수님이 좋아하는 것들, 싫어하는 것들 그리고 군수님 스타일에 대해서 물었더니 전임자가 "우리 군청에서 대대로 내려오는 인수인계가 있다."고 말했다.

그래서 당사자는 집중해 전임자를 바라봤다. 전임자는 진지한 표정으로 "마음으로 군수님을 모셔라. 이것이 전부다."라고 말했다는 것이다. 당시 그 말을 들은 비서(지금은 꽤 베테랑이 된)는 그 순간에는 '뭐야?'라는 생각이 들었는데, 시간이 지날수록 그 말의 무게를 절감하고 있다고 말했다. 그러고 보니 나 역시 전임 수행 비서에게 들은 인수인계는 딱 하나였다.

"아버지처럼 모시면 된다."

시간이 지나니 그 말의 의미를 조금은 알 것 같다.

때로는 친구같이

모든 리더는 외롭다. 국가와 지역, 주민들을 위해 늘 걱정하고 고민하지만 정작 자신은 없다. 주말과 휴일을 반납하는 것은 물론이고 매일 쉴 틈 없는 꽉 짜여진 일정을 소화해야 한다. 주위에 많은 사람이 있지만 속을 터놓고 편하게 이야기할 수 있는 사람이 없을지도 모른다.

비서는 때로는 리더의 편한 친구가 되어야 한다. 리더의 혼잣말과 사소한 이야기에도 관심 갖고 귀 기울이는 친구 말이다. 지역을 대표하여 전체적인 관점에서 어려운 결정을 해야 할 때에도 그 자신이 리더이기에 확인받고 검토해 줄 사람이 없다. 물론 리더는 차원 다른 높은 식견과 많은 경험이 있기에 비서에게 정답을 요구하지 않는다.

리더의 결정을 응원하며 때로는 의견을 묵묵히 들어주는 것, 말없이 고개를 끄덕여주는 것만으로도 리더에게 심리적인 안정을 주고, 때로는 확신을 갖게 할 수도 있다.

덧붙여 흔치 않지만 비서 중에 자신의 리더를 험담하는 사람이 있다. 설령 그것이 사실이라도, 또 리더가 자신에게 너무한다 할지라도 비서가 그래서는 안 된다. 공직 비서는 더욱 그렇다. 비서는 특성상 리더의 성향에 따라 많은 부분이 달라지기에, 당연히 리더를 바라보는 관점에도 훈련이 필요하다.

지금 공직 비서를 꿈꾼다면

첫 번째, 자신에게 주문을 걸자. 출근길에 잠깐 시간을 내어 "아버지이다."라고 외쳐보는 것이다. 어느 정도 시간이 지나면 정말 리더가 아버지처럼 느껴진다. 자기 주문을 계속 걸면 나중에는 꾸중을 들어도 아버지가 자식을 걱정하는 것처럼 느껴진다. 아울러 아버지가 잘못된 결정을 한다면 아들은 넋 놓고 앉아 있을 수 없다. 혼날 각오를 하고서라도 말리는 게 대부분이다. 마찬가지로 리더가 아버지라고 생각되면 그가 내린 잘못된 결정에 혼날 각오를 하고 조언할 수도 있다. 이것이 자기 주문의 힘이다.

두 번째, 전후 관계를 보는 습관을 키우자. 월급을 받기 위해 비서를 한다 해도 비서는 리더를 가까이에서 모시는 역할이다. 리더도 외롭고 힘들어하는 사람이다. 힘들어하거나 화를 낼 수도 있다. 정도가 심하면 문제가 되지만, 화를 낼 수밖에 없는 전후 관계를 생각해보는 것이 그 방법이다. 리더라고 100% 완벽한 사람이 아니다. '왜 화를 내는가?' 그 전후 원인 결과를 분석해 본다.

　세 번째, 비서라는 직업에 대해 자긍심을 갖자. 비서는 누군가의 집사가 아니다. 리더가 올바른 결정을 내릴 수 있도록 도와주는 사람이다. 그가 선택을 하기 전, 환경을 조성해주고 때에 따라서 는 필요한 자료들을 먼저 준비하기도 한다. 나아가 리더를 움직이 는 결정적인 조언 한 마디를 해줄 수도 있다. 당신의 행동 하나로 엄청난 결정이 내려질 수도 있는 것이다. 수동적인 비서는 비서가 아니다. 비서는 전문직이다. 적어도 내가 모시는 리더를 누구보다 잘 알고 있는 사람이어야 한다. 그것은 자긍심이 없다면 불가능한 일이다.

PREMIUM
TIP

　비서는 리더의 성격과 업무에 따라 많은 변화가 있는 게 사실이다. 그렇지만 비서는 결국 리더를 업무적으로 감동시키는 사람이다. 그것이 리더를 성장하게 하고 비서의 성장으로도 이어진다.

05

일에 한 번쯤 치열해지고 싶다면
비서를 꿈꿔라
비서의 업무 범위는 무한대(∞)

비서는 생각보다 다양한 재능을 요구한다

제너럴일렉트릭(GE)에는 최연소 최고경영자란 타이틀을 가진 '잭 웰치'란 CEO가 있다. 1981년에 회장으로 취임해 2001년 매출액을 40배나 늘린 대단한 경영자이다. 그는 엄청난 성과 속에 20세기 최고의 기업인으로 평가받았는데, 그 뒤에는 비서 로잔 배더우스키가 있다. 이미 전설로 평가받는 로잔 배더우스키는 비서에 대해 이렇게 정의했다.

"비서는 말하는 자동응답기, 워드프로세서였으며 심부름꾼, 상담자, 친구, 잔소리꾼, 오타 확인자였고, 소리나는 칠판, 수선공, 응원단이었다."

로잔 배더우스키의 이야기를 다룬 《비서처럼 하라》를 읽어보면 그녀는 하루에 10건의 미팅과 500건의 이메일 그리고 일주일에 3일간의 동반 출장을 소화했다고 한다. 그래서 그녀의 별명은 '잭 웰치의 비밀병기'였다. 그녀의 말이 아니더라도 대부분의 비서는 다양한 능력을 필요로 한다. 대부분의 리더는 슈퍼맨, 슈퍼우먼을 요구하기 때문이다.

당연한 말이지만 비서는 정말 자기 일을 좋아하고 치열하지 않으면 안 된다. 비서는 업무를 수행할 때 효율과 디테일 그리고 순간에 강해야 한다. 효율은 최소한의 시간을 들여 최대한의 효과를 낼 수 있어야 함을 의미한다. 디테일은 남들과 다른 섬세함을 보여줄 수 있어야 한다는 의미다. 마지막으로 순간순간 다가오는 리더의 업무를 모두 감당해 낼 수 있어야 한다.

그래서 비서의 업무 범위는 무한대다. 리더는 늘 비서에게 질문을 늘어놓는다. 비서는 그 질문에 어떻해서든 답을 해야 할 의무를 가진 사람이다. 리더처럼 성공한 위치에 있는 사람들은 현명하고 똑똑하다. 이러한 리더를 대면해야 하는 비서는 리더를 따라갈 만큼 더 넓고 깊은 지식을 갖추어야 한다. 실제로 성공한 비서들을 보면 굉장히 박학다식한 모습을 볼 수 있다. 이러한 비서들의 업무 능력을 배운다면 인생을 살아가는데 가장 강력한 무기를 손에 쥔 것과 다름없다.

비서는 '제너럴리스트+스페셜리스트'

지난해 <저글러스>라는 드라마가 있었다. 언제나 조연으로만 그려지던 비서가 주연으로 등장하는 드라마였다. 저글러스란? 저글러스는 '저글링하는 사람들'이라는 뜻으로, 양손과 양발로 수십 가지 일을 하면서도 보스의 가려운 부분을 긁어줄 줄 아는 비서를 지칭하는 말이기도 하다.

기억에 남는 대사 중 하나가 '비서 얼굴이 곧 보스 얼굴인 거 알지?'였다. 실제로 비서의 이미지는 리더의 이미지와 직결된다. 비서가 얼굴을 찌푸리면 주위에선 리더가 기분이 좋지 않은 것으로 받아들일 수도 있고, 비서가 어딘가 부족하면 리더 역시 그런 인상으로 보여지게 된다. 물론 드라마는 비서의 현실과 동떨어진 부분도 있고, 대기업의 비서라서 그런지 공직 비서와는 다소 차이가 있어 보였다.

하지만 비서라는 직업의 특성을 잘 묘사했다고 생각한다. 비서는 '제너럴리스트+스페셜리스트'라고도 불린다. 전체적으로는 만능이면서도 세분화하면 하나, 하나 세밀하게 모든 영역을 잘 해내야 한다. 역할에 요구하는 것이 많은 것처럼 성장하는 것 역시 빠르고 방대하다. 내 주위에도 제너럴리스트와 스페셜리스트 두 가지를 위해 자기계발을 쉼 없이 하고 있는 비서들이 있다.

군청의 A 비서는 리더의 해외 출장에 조금이나마 도움이 되기 위해 아침마다 전화 영어회화를 하고 있으며 학습지로 간단한 일본어, 중국어 기본 생활영어를 배웠다고 한다. 한 광역단체장 비서인 B는 거리를 지나다니면 마치 연예인처럼, 리더와 사진을 찍고 싶다는 사람들이 많다는 것에 착안하여 공보실 선배들에게 사진을 배웠다. 더 나아가 사진기능사 자격증까지 취득하게 되었다고 한다. 인상이 다소 좋지 않아 보였던 대학의 C 비서는 심지어 '미소 짓는 법', '호감 되는 얼굴 만들기' 강의까지 들었다는 것이다.

비서 업무를 하면 밤낮없이 출퇴근 시간 없이 일할 때가 종종 있다. 하지만 쉬지 않는 담금질 속에 제너럴리스트와 스페셜리스트를 겸비한 자신과 만나게 될 것이다.

PREMIUM
TIP

비서를 하면서 자기관리를 배운다. 그리고 높은 시선 즉, 여러 관점에서 판단하여 일을 처리하는 방법도 터득한다. 비서라는 역할을 통해 쉬지 않고 자아실현을 하게 되는 셈이다.

06

비서를 하면 리더가 될까?

비서를 하면 리더를 닮게 된다

대기업에서는 '출세하려면 비서를 하라.'는 말이 있다. 재계의 청
와대라 불리며 익히 알려진 삼성 미래전략실은 그룹 계열사 최고
경영자(CEO) 배출의 관문이다. 삼성 미래전략실의 전신은 삼성
비서실이다. 고 이병철 창업주가 그룹 경영을 위해 전략적 참모조
직으로 활용하던 조직으로 막강한 힘을 자랑했던 것으로 알려졌
다. 삼성 비서실은 1998년 폐지됐고, 이건희 회장이 경영에 나서
며 구조조정본부로 새롭게 태어났다. 2010년에는 미래전략실로
이름이 바뀌었다.

2016년 데이터뉴스 인맥연구소 리더스네트워크에 따르면(2016년 이후 변동있을 수 있음), 당시 기준으로 삼성 비서실 출신으로 그룹 내 CEO에 올라 있는 인물은 10명이다. 2016년 8월말 기준 이부진 호텔신라 사장과 외국인 대표를 제외한 삼성 59개 계열사의 CEO는 61명이다. 6명 중 1명(16.4%)이 과거 비서실 근무 경력을 지닌 셈이다. 분기보고서를 제출하는 규모가 큰 계열사로 좁혀보면 39명 중 10명(25.6%)으로 비서실 출신 비율은 더욱 높아진다. 삼성에서 출세하려면 비서실을 거쳐야 한다는 이야기가 다소 과장은 아닌 셈이다.

실제로 김태한 삼성바이오직스 사장은 1992년 삼성그룹 비서실에서 3년 동안 부장으로 일했고, 임대기 삼성라이온즈 사장은 2005년부터 구조조정본부에서 상무, 전무로 재직했다. 육현표 에스원 사장은 2000년대 초 구조조정본부에서 일했고, 2011년에는 미래전략실 기획총괄 전무를 맡기도 하였다. 삼성물산 상사부문 사장을 역임한 김신 삼성미소금융재단 이사장은 1990년 삼성그룹 비서실 재무팀에서 5년 동안 경력을 쌓았다.

삼성 비서실 출신으로 30대 그룹에서 CEO로 활약 중인 인물도 있다. 박상순 SK커뮤니케이션즈(컴즈) 대표는 1995년부터 2년 반 동안 삼성그룹 비서실에서 몸담았고, 동현수 두산 사장도 같은 해 삼성 비서실 화학소그룹담당 부장으로 재직했다. 손관수 CJ대한통운 대표는 삼성물산에 입사해 1988년부터 1996년까지 무려

8년 동안 삼성 비서실에서 근무했다.

삼성 뿐만 아니다. 국내 굴지의 회사들의 CEO들은 비서 출신이 많다. 그 이유가 무엇일까? 오랜시간 기업의 총수나 사장들의 비서 업무를 수행하며 자기들도 모르게 그들의 몸가짐이나 태도를 익힌다. 운동도 매일하면 근육이 생기고 악기도 매일 연습하면 훌륭한 연주가가 되듯이 특히 훌륭한 사장의 비서 역할을 오랜 기간 해오면서 자기도 모르는 사이에 이미 한 기업의 사장으로서 잠재력을 갖추게 된 것이다.

기업뿐만 아니다. 대한민국 역대 경찰청장 20명 중 10명이 청와대 비서관으로 근무한 경험이 있었다. 비서 출신의 광역의원, 단체장, 국회의원도 상당하다. 실제로 지난 6·13 지방선거에서도 비서실 경험을 가진 많은 단체장들이 탄생했다. 광역자치단체장 중 52%, 기초자치단체장 중 69명이 비서실 출신이었던 것이다.

왜 그럴까? 간단하다. 비서는 리더가 가는 모든 곳에 같이 따라가고 리더가 고뇌하는 모습을 옆에서 지켜본다. 그리고 리더가 해결점을 찾아내는 것에 공감한다. 리더처럼 보고 생각하며, 답을 찾는 훈련을 하는 것이다. 한 부서에 얽매이지 않고 마치 매가 하늘 위 높은 곳에서 땅 전체적인 곳을 바라보는 '조감'능력을 습득하기 때문이다. 또 리더의 곁에서 수많은 사람들을 만나서 생긴 막강한 인맥은 비서로서 또 하나의 큰 무기이다.

비서를 하면 자연스럽게 리더를 닮게 된다. 내가 본 비서들은 당당한 발걸음, 세련된 복장의 멋있는 모습이었지만 그 내면은 정말 치열하다는 것을 매일, 매일 체험하고 있다. 이것은 공직 비서는 물론 모든 비서가 마찬가지일 듯하다.

PREMIUM
TIP

밖에서 보이는 비서의 모습은 스마트한 생각과 세련된 이미지 그리고 리더와 함께 한다는 특급 티켓이 있을 듯하다. 하지만 그 안은 열정과 좌절, 성취감 등이 동시에 존재한다. 그렇기에 비서들이 리더가 되기 더 쉬울지도 모르겠다. 리더의 삶을 간접체험하면서 리더가 가진 특권이 아닌 리더의 열정과 고뇌를 같이 경험하기 때문이다.

리더의 시너지는
비서가 확장한다

01

내 평판이 곧
리더의 평판이 된다
관계 형성 과정에서 만들어지는 것

우리가 사회생활을 함에 있어서 싫든 좋든 따라오는 것이 있다. 나에 대한 남들의 이미지와 생각들, 즉 바로 '평판이다'. '평판'의 사전적 의미는 나에 대한 '세상 사람들의 비평'이라는 뜻이 있다. 일종의 나에 대한 평가인 셈이다. 기본적으로 현대 사회에서 개인은 개인으로만 존재할 수 없고 사람들과 더불어 살아가기 때문에 자신을 바라보는 다양한 시선 속에서 자유로울 수 없기 마련이다.

한 명의 사람을 바라보는 시선 속에는 냉정함을 바탕으로 한 평가가 존재하지만 개인의 호불호에 따른 감정이 담겨있기도 하다. 사실 이 평가란 우리 일상에서 매우 중요한 부분을 차지한다. 우리가 상품을 구매할 때 대기업이나 유명기업의 제품을 구매하는 것은 품질이나 디자인의 차이도 있지만, 그 회사가 쌓아놓은 평판에 기인할 때가 더 많다.

이와는 반대로 요즘 툭하면 나오는 오너의 갑질 논란 등은 기업이 수십 년간 차곡차곡 쌓아온 평판을 하루아침에 무너뜨리고 불매운동에서 더 나아가 경영진, 오너 퇴진 운동까지 가는 사례도 볼 수 있다. 사실 우리가 사는 21세기는 그 어느 시대보다 평판이 중요하다. 빠른 변화가 이뤄지고 있는 시대의 뒷면에는 '한번 인지된 평판은 그리 쉽게 바뀌지 않는다.'는 불합리가 자리한다.

왜냐고? 하나의 대상에 대한 평판을 바꿀 만큼 우리의 시간이 많지 않기 때문이다. 한 가지 일을 차분히 생각하고 다면적으로 볼 수 있는 여유가 지금 우리에게는 없다. 일단 평판이 생기면 거기서부터 출발하는 것이지, 기존의 평판을 부수고 다시 새로 세우기는 결코 쉽지 않다는 뜻이다.

리더 역시 평판에서 자유로울 수 없다

그렇다면 리더 역시 평판이 중요한가? 이 질문에 대한 답은 말할 것도 없이 '당연하다'이다. 21세기를 살아가는 요즘 기업뿐만 아니라 공직의 리더들에게 하루하루는 모험이나 다름없다. IT 기술의 발달로 업무가 사회에 즉각적으로 공개되기 때문에 평판 관리 실무자들은 시시각각 이에 적응하지 않으면 안 된다. 어느 한 지역에서의 활동이나 아주 작은 실수 또는 사고도 어마어마한 잠재적 파급력을 몰고 올 수 있다는 사실을 인식하고 이에 대응하는 능력을 갖추지 않으면 안 된다.

리더의 좋은 평판은 몇 가지 차별점을 생산해낸다.

첫째, 리더의 좋은 평판은 차별화와 경쟁적 이점을 만들어낸다.

둘째, 리더의 좋은 평판은 경쟁적 우위를 지속시키는 자원이다.

셋째, 리더의 좋은 평판은 조직의 성과에 영향을 준다.

반대로 리더의 부정적 평판은 이미지의 상실과 경제적 손실을 가져오기도 한다. 리더가 더구나 표를 먹고 사는 선출직이라면 평판은 더더욱 중요한데, 능력과 상관없이 자신의 평판, 가족의 평판 등에 따라서 당락이 좌우되기도 한다.

비서에게 있어서 평판은 어떤 것?

우리 업계(?)에서 흔히 듣는 평판에 관한 말은 '비서의 평판은 곧 리더의 평판이 된다.'라는 말이다. 리더는 자신의 평판에 굉장한 신경을 집중한다. 그들의 평판이 곧 조직의 평판이 되고 더 거슬러 올라가면 그 지역의 평판이 될 수도 있기 때문이다. 이것과 마찬가지로 리더와 늘 함께 하는 비서 역시 평판이 매우 중요하다. 비서 개인 자신보다 '○○ 리더의 비서, □□ 단체장 비서'라는 꼬리표가 따라다니기 때문이다.

다소 과장되게 들릴진 모르지만 자식이 도둑질하게 되면 부모가 욕을 먹는 것처럼 말이다. 더욱이 좋은 평판은 쉽사리 쌓이지 않으며 미담처럼 아름다운 이야기, 칭찬의 말들은 사람들 사이에서 전파되는 데 오래 걸린다. 반면 그에 반해 나쁜 이야기들은 인터넷 매체 특히 SNS로 대변되는 현대 커뮤니케이션의 특징상 정말 빠르게 전파된다. 비서들에게도 예외는 없다.

'A 비서는 지나가는데 인사도 안 하더라.'
'B 비서는 과장, 계장들한테도 마치 자기가 리더인 양 하고 부하 다루듯이 하더라.'

이런 류의 이야기는 정확히 분석되지 않은 아주 흔한 '카더라'의 일환이지만 엄청난 전파력이 있다. 반면 좋은 평판은 여러 기회를 주기도 한다. 유능한 비서로 통하는 은행의 D 비서는 비서가 된지 한참이 지난 뒤 우연히 '왜 자신이 비서로 발탁이 됐는가'에 대해서 알 기회가 있었다고 한다. 은행 전체적으로 내부 직원들 중에 수행 비서를 찾았는데 당연한 말이지만 여러 후보가 물망에 올랐다고 한다.

다행으로 조직원들의 다면평가에서 D 비서에 대해 나쁘게 이야기한 사람이 한 사람도 없었다. 그래서 비서 최종 후보까지 올라간 것이다. 이제 남은 것은 리더의 선택이었다. 몇 명의 후보의 이력서를 보던 행장님은 물끄러미 사진을 보더니 D 비서를 선택했다. 주변에서 "경험도 부족하고, 어린 이 친구를 선택한 이유가 무엇이냐"고 되물었다.

리더는 "이 친구가 얼굴빛이 좋고, 천성적으로 미소 짓는 웃는 얼굴을 가지고 있다."고 답했다. 짧은 순간 D 비서의 평판이 결정된 것이다. 사진 한 장으로 말이다. 물론 앞서 누구도 D 비서에 대한 부정적인 말을 하지 않았던 것이 더해져서 나온 결과이기도 하지만, 어찌 보면 D 비서도 좋은 평판의 수혜를 받은 셈이다. 대부분의 리더들은 대내외적인 평판으로 비서를 뽑는다고 한다. 조직 내부적으로는 좋은 신망을 가진 사람을 뽑는 건 당연한 게 아니겠는가?

일화가 하나 있는데, 어느 주말 오후였다. 그간 알고 지내던 기관장님께서 연락이 왔다. 다급함이 묻어있는 목소리로 "지금 혼자 걸어가시고 계시는 것을 봤는데 비서관님이 없어 걱정되어 연락했어요."라고 말하는 것이다. 지사님은 그날은 혼자 걸으시겠다고 나오지 말라고 하셨던 상황이었다.

그날 지사님께서 댁에 들어가실 때까지 그 사이 나는 무려 5통의 전화를 받았다. 전부 '지사님이 혼자 걸어가시는데, 비서인 내가 보이지 않는다.'는 전화였다. 전화를 해주신 분들께 깊은 감사를 표명하며 내심 뿌듯했다. 단순히 리더의 옆에 비서가 없다고 오는 연락이 아니다. 리더의 옆에 '내'가 없는 것이다.

그것은 다른 의미로 사람들은 '리더'와 비서인 '나'를 같은 섹터 안에 분류하고 있다는 뜻이며, 비서로서 나의 평판이 나쁘지 않다는 의미인 거 같아서 기분이 좋았다. 하지만 지사님께 가지는 않았다. 그것이 리더의 뜻이었기에 말이다.

PREMIUM
TIP

비서에게 있어 평판은 그야말로 생명과도 같은 것이다. 비서의 평판이 곧 리더의 평판이 되기 때문이다. 평판 관리가 힘들다면, 일단 말을 줄이고 지켜보는 것부터 시작하자. 사실 모든 나쁜 평가는 '입'에서 나온다.

그리고 대부분의 좋은 평가는 '얼굴'에서 나오는 법이다. 웃는 얼굴, 긍정적인 표정 등 말이다. 물론 거기서 출발해 다양한 것이 쌓여야만 가능하기는 하지만. 결론을 내리자면, 평판은 올리기는 어려워도 무너지는 것은 순간이다.

02

디테일과 섬세함은
비서의 기본

착안대국, 착수소국(着眼大局, 着手小局)

청와대의 유능했던 한 비서실장은 경내 산책코스에 있는 거의 모든 수목의 이름을 외우고 있었다고 한다. 혹시 모를 대통령의 질문에 대비해서 말이다. 또 현재는 계열사 사장이 된 모 그룹 회장의 비서 출신인 분은 과거 비서 시절 회장의 외부 출장이 생기면 그 전날 반드시 그 곳을 가보았다고 한다. 소요시간을 체크하고 도로의 특이사항, 주위 새로 생긴 건물들, 행사장 내부 동선 등을 체크하여 회장의 혹시 모를 질문에 대비했다는 것이다.

이들은 왜 그랬을까? 리더의 단순 환심을 사려고 했을까? 리더가 그렇게 시켰을 리는 더 만무할 것이다. 리더가 언제 어디서 무엇을 물어본다면 '알아보겠습니다.'가 아니라 그 자리에서 바로 답할 수 있도록 미리 지식을 갖춰 놓으려고 그랬을 것일지도 모르겠다.

비서는 그런 직업이다. 섬세함이 기본이다. 내 주위에도 대표적인 사람이 있다. 우리 조직의 모 국장님이다. 이 분은 S대 출신으로 행정고시에서 전국 수석을 하기도 했다. 하지만 그런 표면적인 유명보다 더 뛰어난 능력을 가진 사람 중 하나다.

어느 날이었다. 리더가 현장을 방문하는 일정이 있었는데 행사장이 평소 그 국장님께서 오래 전부터 다니고 있던 종교시설이었다. 국장님께서 그 시설은 사람들이 많이 오고 주차장이 협소해 잘못하면 30분 이상 주차장에서 대기할 수도 있다는 말씀을 해주셨다. 나는 그말을 그냥 흘려들었는데 실제로 이날 리더를 수행하고자 주차장에 들어갔던 우리의 차량은 인파와 다른 차들 틈에 끼어서 오도가도 못하는 상황이 되어버렸다. 다음 행사 시간은 다가오고 마음이 급한 상황이었다. 국장님께서 전화를 주시면서 본인 차를 미리 주차장 밖에 빼놓으셨다고 '리더를 본인의 차로 모시자.'라고 하셨다.

그 국장님은 플랜 A인 '수행팀의 차를 리더가 탄다.'를 바탕으로 '차가 막혀 시간이 지체될 경우 이를 해결할 방안이 필요하다.'는 플랜 B를 누가 시키지 않았는데도 본인이 판단 후에 사전에 준비하신 것이다. 그날 리더와 나는 국장님의 차를 타고 다음 행사장으로 이동했다. 사전에 이런 상황을 파악하지 못한 나는 정말 부끄러웠고 잘 아는 사람의 정보를 귀담아 듣지 않고 흘려버린 것도 반성이 되었다. 그 국장님의 섬세함은 거기서 끝이 아니었다. 그 후에도 리더가 혹시 그곳을 다시 방문할 지도 모르니 해당 행사장과 관련해 인근 신호등의 위치, 종교활동이 끝난 시간대의 교통 흐름, 어디로 빠져 나가면 빠르게 나갈 수 있는지까지 세세히 피드백을 전달해주었다. 디테일과 섬세함을 바탕으로 한 전략과 비전까지 내게 가르쳐주신 것이다.

실수를 확 줄일 수 있게 하는 체크리스트

'쉬운 일을 신중하게 처리하면 어려운 일을 피할 수 있고, 작은 구멍을 열심히 메우면 큰 화를 피할 수 있다.'라는 말이 있다. 그때가 유럽 출장을 가는 전날 밤이었다. 새벽 비행기라서 공항 인근에서 1박을 해야 했다. 아침에 차를 타고 공항에 가는데 문득 지사님께서 물으셨다.

"여권 잘 챙겼지?"

순간 식은땀이 났다. 내 여권만 챙겼기 때문이다. 뭔가 잘못된 것을 깨닫고 미리 공항에 대기 중이었던 담당 팀장님께 연락을 드렸다.

"혹시, 지사님 여권 가지고 계세요?"

비서인 내가 가지고 있지 않은데, 팀장님이 가지고 계실 리 만무했다. 왜냐하면 지사님께서는 평소 신분증이나 모든 것들을 본인이 가지고 계셨다. 그래서 이번에도 그럴 거라 생각하고 신경쓰지 않았던 것으로, 여권 복사본 제출차 내가 받아놓은 것을 깜빡했기 때문이다. 아차 싶었다. 당황한 나는 비서실에 연락했다.

찾고 또 찾았더니 내 책상 속에 있었다. 모두 초 긴장상태에 들어갔다. 여권을 차 편으로, 기차 편으로, 그 어떤 방법을 동원해서 가지고 온다 하더라도 시간이 맞지 않을 것 같았다. 오죽했으면 이런 생각도 들었다.

'도에 있는 산불진화용 소방헬기를 띄워서 여권을 가지고 오면 어떨까?'

말도 안 되는 생각이고 있을 수도 없는 일이었지만 그만큼 절박했었다. 다행히 우리나라 공항의 시스템은 첨단이었다. 신원이 확실했기 때문에 공항에서 신속하게 절차를 밟아 사진을 찍고 임시 여권을 발급받았다. 사실 지사님의 소탈하신 성격 때문에 그리고 웬만한 것들은 본인이 챙기고 미리 준비하시기 때문에 평소에도 내가 챙겨야 할 것이 별로 없다. 당시 사건은 그런 방심에서 나온 실수로, 세심하지 못했던 것이다. 실수담을 이야기하다 보니 부끄럽지만 몇 가지가 더 있다.

지역의 세계문화유산 등재를 기념하는 기념식이었다. 이것저것

만전의 준비를 했는데, 이게 웬일인가. 행사장에 다른 귀빈들은 모두 한복을 입고 오셨던 것이다. 지사님의 한복은? 사실 한복을 입으셔야 하는 것을 알고 있었지만 담당 부서에서 최종적으로 가져간 줄 알았다. 부서에는 물론 비서인 내가 챙기는 것으로 알고 있었기에 누구도 가져오지 못했다. 그 많은 귀빈 중에 도지사님 혼자 양복을 입고 있는 것을 보고 있는 비서인 내 심정은 어떠했겠는가.

아찔한 실수도 있었다. '동명(同名)의 실수'다. 리더의 시간은 개인의 시간이 아니다. 지역에서 하는 행사 중 주요 귀빈들이 도착하지 않으면 진행이 안 되는 경우가 허다하다. 행사장에 200명이 모였는데 리더가 5분 늦어 행사가 지연된다면 1,000분(200명X5분)을 허공에 버린 셈이 된다.

지역의 조그만한 군에서 궁도대회가 열리는 날이었다. 크지 않은 지역이고 궁도장은 흔치 않은 시설이라, 당연히 한 군데가 있을 거라고 생각했다. 그런데 알고 보니 궁도장이 두 군데였던 것이다. 두 궁도장 간의 거리는 30분 정도. 그런데 내가 행사장의 궁도장이 아닌 인근의 다른 궁도장으로 지사님을 모신 것이다.

내 실수 하나로, 행사가 30분 지연되는 것은 물론이고 그 30분간 지사님의 초조함, 이유 없이 기다려야 했던 내외빈의 마음, 섬세하지 못한 나에 대한 자책으로 정신이 어지러웠다. 이런 부끄러운 실패담을 공개하는 이유는 공직 비서를 꿈꾸는 후배님들에게 말하고 싶은 노하우가 있어서다. 바로 '비서 디테일과 섬세함의 기본은 체크리스트에서 온다.'는 것이다.

사람의 머리는 컴퓨터가 아니기 때문에 실수가 당연히 생길 수밖에 없다. 이런 실수를 확 줄일 수 있는 것이 바로 체크리스트다. 국내출장, 해외출장, VIP 방문 등 상황과 장소에 따라 다양한 체크리스트를 만들어 두어야 한다. 그리고 매번 매 순간, 그 리스트를 점검하면서 실수를 줄여야 한다. 그러다 보면 5분 뒤의 상황이 예측되고, 점점 늘어서 10분, 30분 등의 전체 상황이 선명하게 인지될 것이다.

비서는 큰 일과 부분적인 일을 세심하게 관찰하고 배려해야 한다. 어쩌면 큰 일보다 작은 일에 더욱 집중할 때도 있다. 아니, 리더와 관련된 일 중에서 작은 일이란 없다. 그 작은 일 때문에 리더의 판단이 흐려지면 큰 실수가 나올 수 있기 때문이다. 비서라는 업무가 중요하면서도 어려운 직책이다.

PREMIUM
TIP

바둑 용어 중 '착안대국, 착수소국(着眼大局, 着手小局)'이라는 말이 있다. 큰 일에만 신경을 쓰다 보면 작은 부분을 소홀히 하기 쉽다. 그렇다고 디테일한 부분에만 신경을 쓰다 보면 큰 일을 성공하기 어렵게 된다. 즉, 대국적으로 생각하고 멀리 보되, 실행에 들어가서는 한 수, 한 수에 집중하라는 뜻이다.

03

인맥관리, 한 사람을 얻으면
모든 것을 얻는다

인맥관리 전에 '사람'

원칙적으로 사람은 꼭 모여 살지 않아도 생존이 가능한 동물이다. 어떻게든 살아갈 수는 있다. 다만 삶의 질은 기대할 수가 없다. 로빈슨크루소만 보아도 알 수 있다. 흔히 쉽게 구할 수 있는 가치가 거의 없는 작은 못 하나도 혼자라면 광물을 구해서 불을 피워 녹여서 다듬고 갈아야 하는 지난한 과정이 필요하다. 시간은 또 얼마나 소요되겠는가.

사람들이 모여살기 때문에 이런 과정이 보이지 않을 뿐, 우리의 일상에서 쉽게 구하는 못 하나조차도 광물을 캐는 사람, 운반하는 사람, 가공하는 사람 등이 뒤에 자리한다. 이것은 다시 말하면 현대사회가 각각의 전문적 업무능력을 바탕으로 효율을 극대화하는 구조라는 것을 의미한다. 이것은 개개인도 다를 리 없다.

서로 잘하는 것에 대해 도움을 주고받으며 살아가는 것은 어떤 일을 함에 있어서 가장 효율적인 방법이다. 많은 성공한 사람들의 인터뷰를 보면 공통적으로 그들에게 영향을 주고받은 사람들을 발견할 수 있다. 인맥이 성공의 전부는 아니지만 슬프게도 현 한국 사회에서 인맥 없이 성공은 불가능하다고들 한다.

인맥 관리는 과거와 다른 방향으로 진화

'세리CEO'에서 각 회사 임원들을 대상으로 조사한 결과 CEO가 될 수 있는 최고 덕목으로 '대인지능'이 꼽혔다. 인터넷 취업전문회사 잡링크가 일반 직장인을 대상으로 인맥관리의 중요성에 대한 설문조사 결과도 크게 다르지 않다. 성공적인 직장생활을 위한 인맥의 중요성을 묻는 질문에 대해 70%에 가까운 응답자가 '중요하다' 또는 '매우 중요하다'고 응답했다.

과거에는 인맥 하면 빽, 학벌, 지연, 낙하산 등 부정적인 이미지가 강했지만 요즘에는 인맥도 실력 중의 하나라는 평가가 대세다. 인맥의 장점은 다양하다. 그 중에서도 몇 가지 가장 대표적인 것을 간추려 본다.

첫 번째는 인맥을 통해 위기관리가 가능하다. 인생에서 중요한 시기에 위기가 닥쳤다면 위기라는 것 자체가 이미 타인의 도움을 전제하고 있기에, 인맥을 통해 도움을 받을 수 있다.

두 번째는 생생한 지식과 정보의 소통망이다. 책을 통해 수없이 많고 다양한 교양과 지식을 얻을 수 있지만 현실적이면서 바로 적용이 가능한 진정한 지식은 사람으로부터 나온다.

세 번째는 세계관의 확장이다. 타 업종에 종사하는 사람들과의 만남과 커뮤니케이션은 한 사람이 가지고 있는 세계관 자체를 풍성하게 해주는 역할을 한다.

네 번째는 행복을 위한 사회적 활동이다. 좋은 사람들과의 관계를 맺는 좋은 인맥은 수명을 연장시켜줄 수 있을 정도의 강력한 힘을 가지고 있고 좋은 인맥을 통해 자신과 타인의 삶 자체를 풍요롭고 행복하게 만들어준다.

그러나 이런 인맥의 형성은 절대 일방적이지 않다. 내가 상대를 파트너로 인정하고 상대 역시 나를 그렇게 인지해야 한다. 일방적인 도움은 없다는 뜻이다. 그러면 리더들의 인맥관리는 일반인과 다소 차이가 있을까? 대체적으로 리더들이 말하는 인맥관리를 정리해보면 3가지 기본이 바탕에 깔려있다.

첫 번째, 자신의 브랜드와 가치를 높이려고 의식적으로 노력한다. 상품의 브랜드가 유명할수록 사람들이 많이 찾는 것처럼, 자신의 가치를 높여 사람이 자신에게 다가오게 한다.

두 번째, 커뮤니케이션을 주도한다. 주로 독자적으로 말을 한다는 의미가 아닌 자신에게 다가온 사람들과 적극적으로 소통하며 점차 자신의 사람으로 만든다. 대부분의 리더들은 상대를 나에게로 끌어당기거나 혹은 자신이 상대의 마음속으로 파고들어가는 것에 능숙한 사람들이다.

세 번째, 전문가적 자질을 위해 글을 쓴다. 대중에게 연설할 수 있는 기회가 주어진다면 더할 나위 없이 좋지만 그런 기회는 흔치 않다(선거 기간처럼). 신문 기고, 서적 출간 등 전문적 식견을 드러내면서 대중을 리드하고 자신의 매력을 높여나간다. 낮과 밤의 길이가 같아지는 '춘분'을 '해와 달의 키스'라고 표현했던 글을 본적이 있다. 그 뒤로 그분이 그냥 좋아졌던 기억이 있다.

그렇다면 이런 리더의 옆에 있는 비서들은 어떻게 인맥관리를 해야 할까. 리더와 함께 다니면 비서 또한 많은 사람들을 만나게 되고 알게 된다. 때로는 리더를 대신해 누군가와 대화를 하게 되는데, 그것이 얼마나 힘든 일인지를 여러 번 경험했다. 반면 그렇게 해서 쌓인 인맥은 나에게 큰 재산이기도 하다.

인맥관리의 몇 가지 노하우

비서로서의 나는 누구를 처음 만나게 되면 그에게 꼭 문자를 보낸다. 만났던 그가 귀가를 할 무렵에는 오늘 대화 중 기억에 남는 이야기를 언급하며 감사했고, 다음에 다시 만나기를 기약한다는 짧은 문자를 보낸다. 상대방을 기억하는 나만의 방법이기도 하고, 나를 기억시키고자 하는 의도이기도 하다. 사소하지만 생각보다 효과가 크다. 그리고 한 번 본 사람에 대해서는 잊어버리지 않으려고 노력한다. 다행히 과거 영화작업을 하면서 시나리오를 쓸때 스스로 터득한 훈련이 큰 도움이 됐다.

당시 나는 사람들이 가장 많이 지나다니는 명동 한 복판의 카페에 앉아 지나가는 사람들을 쳐다보면서 그 사람에 관한 모든 것들을 머릿속으로 상상하곤 했다. 이름, 혈액형, 나이, 직업, 가족관계, 친구 등 이런 식으로 가상의 인물을 만들고, 또 다음 사람에 대해서 가상의 인물을 상상해 이름을 만들었다.

이런 입체적인 생각이 하나의 인물을 구성하고 실제로 만나서 대화를 나누면서 상상의 공간을 현실로 채우는 것이 습관화되었다. 이는 한번 본 사람에 대한 기억을 오래 가져가게 하는데, 내가 상상했던 그와 현실의 그와의 차이를 되짚어 봄으로써 보다 더욱 명확하게 상대를 기억할 수 있기 때문이다.

또 다른 인맥관리의 노하우는 인내다. 비서는 인내심이 없으면 할 수가 없다. 여기서 인내는 자신을 드러내고자 하는 마음을 자제하는 것이다. 혹은 자신의 성향을 감추고 비서로서 오롯이 존재해야 하는 것을 의미한다. 사실 모든 비서들이 다 쾌활하고 서글서글한 성격을 가지고 있는 것은 아니다. 무뚝뚝하거나 사람들에게 나서는 것을 좋아하지 않는 사람도 있다. 하지만 비서라는 직함을 받는 순간, 이런 것은 안에 접어서 넣어놓아야 한다.

늘 먼저 인사하고, 밝은 미소로 명함을 건네는 것이 습관이 돼야 한다. 나보다는 내 리더가 중요하고, 나의 모습이 곧 리더의 평판이기 때문에 '나'라는 개인의 흔적을 지우는 것이 매우 중요하다. 이는 상당한 인내를 요하는 일이다. 그리고 이런 인내는 곧 비서들 간에 신뢰로 작용하게 된다. 그동안 비서를 하면서 나 역시 타 리더들의 비서들에게 도움을 받기도 하고 도움을 주기도 했다.

조직에서 비서가 있는 위치에 있는 사람은 소위 '장'들이다. 그리고 이런 장들은 면담은 차치하고라도 전화통화 한번 하기도 어렵다. 그들의 스케줄을 가장 잘 아는 사람은 바로 '비서'이기에 그들과 평소 관계를 잘 맺어놓는다면 서로의 리더 간에 별 어려움 없이 소통할 수 있게 된다.

물론 때로는 관리하기도 까다롭고 정신없기도 하지만 거기서 오는 혜택은 상당하다. 향후 진행해야 할 행사에 관한 정보는 물론이고 지역현황, 여론 등을 파악할 수 있으며, 물론 국회와 타 기관 방문 시에도 쉽게 스케줄을 잡을 수 있다.

아울러 관계는 행사를 준비함에 있어서도 실수를 줄일 수 있게 한다. 대부분의 리더는 참석하는 행사가 많다. 미리 행사 주최 기관의 비서들과 담당자들을 알아 행사의 세부적인 내용들을 공유하고 방문 당일에도 출발 시와 도착 시에 문자로 '출발하셨습니다. 도착 몇 분 전입니다.' 정도의 간단한 문자를 보낸다.

별거 아닌 듯하지만 주최 측의 입장에서는 사전준비와 VIP 의전에 소홀함이 없도록 대처할 수 있다. 나 또한 장소를 잘 못 찾는 사소한 실수부터 돌발 상황이 일어났을 때 빠르게 대처할 수 있다. 이런 사소한 배려가 곧 인맥으로 연결되는 것은 두말할 것도 없다.

PREMIUM
TIP

인맥 관리 역시 과거와는 다른 방향으로 진화하고 있다. 과거엔 지연, 학연의 수동적 인맥이 주를 이뤘다면 현대에서는 업무, 사무 중심의 능동적 인맥으로 변하고 있다. 과거엔 범위가 좁고 결속력이 높았다면 현대는 범위는 훨씬 넓어진 대신 결속력은 낮아지고 있는 셈이다. 이에 따라 인맥에 대한 이미지도 바뀌고 있다.

CHAPTER 2 **리더의 시너지는 비서가 확장한다**

04

업무몰입 태도가 시너지를 낸다

집중은 주변을 변화시킨다

'직장인들이 업무에 충실하지 않게 될 때가 언제인가?'라는 설문 조사에서 가장 많은 사람이 택했던 것이 '스스로 통제권이 없음을 깨달을 때'라고 답했다는 기사를 언젠가 본 적이 있다. 사실 조직에 존재하는 누구나 상당수는 통제를 받는다. 출·퇴근 시간, 복장에서부터 업무의 방향이나 목표 등까지 다양한 분야에서 통제는 존재한다.

소속 집단에 맞는 어느 정도의 규율에 의한 통제는 필수라고 본다. 하지만 지나친 통제는 업무 몰입을 방해하는 요소가 되고 이는 결과적으로 조직을 망치는 일이 된다. 반면 통제가 느슨할 경우 개인 스스로가 업무에 몰입하려는 의지가 필요한데, 일부 조직원들은 통제의 느슨함을 이용해 시간을 헛되이 쓰는 경우가 있다.

이런 원인 때문에 위에서는 통제를 강화하게 되는 것이고, 업무 효율이 추락하는 악순환이 발생한다. 정해진 시간 내에 집중해서 그날의 일을 끝내고 퇴근할 때의 기분은 얼마나 상쾌하겠나. 이런 날이 지속된다면 그것이야말로 일을 통한 자아실현을 경험할 수도 있다. 하지만 현실은 과도한 업무, 끝나지 않는 야근, 항상 대기해야 하는 긴장감, 과도한 통제에 대한 스트레스 등 우리를 힘들게 하는 것 투성이다.

비서 중에서도 수행 비서의 경우는 밤과 낮의 구분이 모호하다. 수행 비서의 퇴근은 리더가 퇴근한 후이고 출근은 리더가 출근하기 전이어야 한다. 더욱이 리더가 관할하는 지역이 크면 클수록 그분의 일정이 얼마나 빡빡한지는 설명하지 않아도 짐작하리라 본다. 그럼에도 불구하고 현장에서 본 수행 비서들은 업무에 관해서 치열하게 몰입하고 있었다. 그것들이 리더에게는 물론 궁극적으로는 자기 자신들에게 도움이 된다는 것임을 누구보다 잘 알고 있기 때문이다.

E 비서가 해준 이야기이다. 리더와 함께 아프리카 출장을 가게되었는데 그 지역은 치안이 불안하고 폭동이 자주 있는 지역이라 걱정이 많았다고 한다. 그 비서는 리더의 안전이 걱정되어 마치 보

디가드처럼 리더 옆을 지키며 주위 경계를 소홀히 하지 않았다는 것이다. 그 덕분인지 리더는 안전하게 출장을 다녀왔는데 한국으로 출국을 하기 전에 한 아프리카인이 물었다고 한다.

E 비서는 다소 왜소한 체격을 가졌는데 아프리카인이 "한국에서는 태권도가 유명하다고 한다. 도대체 얼마를 연마해야 비서 같은 내공을 쌓느냐?"고 말이다. 이유인 즉슨, 동양의 조그만 사람이 리더곁에 24시간 함께 하면서 매서운 눈매로 사방을 감시하여 수상한 사람은커녕 경찰들도 접근 조차를 못했다고 한다. 리더의 보디가드로 따라온 동양의 무술 고수라고 이미 지역에 소문이 났기 때문이라는 것이다. 다소 우스갯 소리처럼 들리지만 자신의 업무에 몰입하여 충실했기에 가능한 일이었다.

업무 몰입 방법을 터득하기

여기에서는 케네스 토마스의 '업무 몰입의 4가지 조건'을 소개해 보고자 한다. '농부는 밭을 탓하지 않는다.'는 말처럼 우리가 업무에 몰입하기 위해서는 외적 조건이 충족되기를 기다려서는 안 된다. 때로는 과도한 업무라도 효율적으로 처리하게 되면 이것이 부족했던 외적 조건을 바꾸는 계기가 될 수 있다.

업무 몰입을 위한 첫 번째 조건은 '일의 의미를 파악한 뒤 업무에 임하라.'이다. 의료 기기 및 장비를 만드는 세계 최대 다국적 기업 메드트로닉사는 자사 제품으로 생명을 되찾은 환자들을 회사로 초청한 적이 있다. 이들 환자들에게 수술 후 얼마나 행복한 삶을 살고 있는지? 얼마나 고마운 마음을 갖고 있는지 등을 직원들에게 직접 이야기해달라고 부탁한 것이다. 직원들은 환자들이 자신들의 제품으로 인해 새로운 삶을 살게 됐다는 이야기를 들으며 감동의 눈물을 흘렸고 이어 자신이 하는 일에 사명감을 갖게 됐다. 사실 일의 의미를 알려주는 것은 업무에 생명을 불어넣는 작업이다. 조직이 이런 것을 하지 못한다면 스스로에게라도 지금 내가 하는 일의 의미를 부여하자. 의미 없는 일에 인생을 투자하기엔 우리의 시간은 짧으니까.

두 번째는 '주어진 업무에서 최대한 자율권을 확보하라.'다. 유한킴벌리 직원들은 점심시간을 스스로 결정하고 업무에 따라 자유롭게 자리를 선택해 앉는다. 또 외근이 있을 땐 현장에서 바로 출근해서 퇴근할 수 있는 권한도 있다. 이런 자율권은 조직원들에게 자신의 생각과 판단이 존중받고 있다고 느끼게 한다. 대부분의 직장인들에게는 이런 자율권은 조직이 내려주는 것이라고 생각한다. 반은 맞고 반은 틀리다. 대부분의 업무는 할당량과 마감시간이 있다. 하지만 마감시간만 맞춘다면 사실상의 간섭은 없는 경우가 많다. 한정된 시간이지만 스스로에게 업무와 관련한 사고의 자율성을 부여하도록 하자. 예를 들어 30분 집중하고 5분 쉬는 것을 반복한다든지, 어디까지만 하면 몇 분간을 쉬게 한다든지 등 일하는 중이라도 조직의 통제에서 벗어나도록 독려하자. 이 것이 버릇이 되면 보다 손쉽게 업무에 접근하고 또 효과적인 휴 식도 취할 수 있다.

세 번째는 '업무를 잘 해낼 역량이 스스로에게 있다고 믿어라.' 이다. 심리학적으로 잘하는 일을 계속 더 잘하려고 노력할 때 더 몰입이 잘 된다. 그래서 미국 등지에서는 일을 더 잘 하게 만들기 위해 사내에 '학습조직'을 만들길 권하기도 한다. 두산건설의 경 우도 직원 역량을 키우기 위해 한 달에 한번 'Happy Hour' 시간 을 가진다. 모든 임직원이 팀을 이뤄 강연을 듣고 토론을 하는 것 으로, 이 과정에서는 '나는 강사다.'라는 시간을 통해서 서로 업무 노하우도 공유하기도 한다. 개인적으로는 주어진 업무를 입체적 으로 파악하고 그 업무에 대한 자신감을 부여할 때 업무를 훨씬 빨리 끝냈던 듯하다.

네 번째는 '지금 하는 일을 통해 성장하고 있다고 생각하라.'이 다. 열심히 일했지만 자신과 회사의 발전에 아무런 기여를 하지 못했다는 생각이 들면 대부분의 직장인들은 열정적으로 일할 의 지를 잃게 된다. 이럴 때 누군가가 성장한 부분을 구체적으로 피 드백 해주게 되면 업무에 대한 몰입이 강해진다. 비서의 경우는 성장할 수 있는 여지가 너무 많은 직업이다. 스스로 성장하고 있 음을 느끼기도 하고 주변에서도 그런 이야기를 자주 해준다. 어떻 게 보면 업무 자체가 몰입도를 높이는 직업이라고 해야 할까.

이외에도 약간의 운동이라든지 공상, 일명 멍때리는 시간 또한 집중력을 높이는데 도움이 된다. 물론 우리가 모든 시간을 완벽하게 제어할 수는 없겠지만, 이왕이면 최대한 일의 효율을 높이기 위해서 내가 가장 최고의 능력을 발휘할 수 있는 환경을 조성하고 우선순위를 정리하는 것은 무척 중요하다.

그리고 이런 업무 몰입 태도는 나뿐만 아니라 주변에도 시너지 효과를 낸다. 인간은 기본적으로 게으름과 성실함 두 가지를 다 지니고 있다. 아무리 바빠도 게으름을 피우고 싶은 욕구가 있고, 또한 느슨한 상황에서도 부지런히 무언가를 하고 싶은 마음도 존재한다. 이럴 경우 타인이 옆에서 자신의 업무에 자주적으로 임하는 것을 보게 되면 경쟁심과 더불어 스스로를 반성하게 한다. 나의 노력과 집중이 주변을 변화시키는 것이다.

비서 업무를 하다 보면 힘들고 때로는 자기 시간이 없는 것에 짜증이 날 때도 있다. 하지만 주어진 일에 몰입하며 훌륭하게 마쳤을 때의 보람과 그로 인한 주변인의 인식 변화를 가장 확실히 감지할 수 있는 역할이기도 하다.

PREMIUM
TIP

비서의 업무는 집을 나서는 순간부터 시작되며, 업무에 몰입하는 훈련은 언제 어디서라도 해두는 것이 좋다. 하지만 적절한 휴식이 병행되어야 업무의 몰입을 더 느낄 수 있다.

05

리더와 비서,
동반성장하는 협업시대

리더가 커지면 비서도 커진다

'천하흥망, 필부유책(天下興亡 匹夫有責)'이란 말이 있다. 평범한 사람도 천하흥망에 책임이 있다는 뜻으로 세상에서 발생하는 모든 일에는 각각 구성원들의 책임이 있다는 것을 의미한다. 그렇다. 세상이 변하는 것은 몇몇 위대한 사람들 때문이 아니다. 그들은 지표일 뿐이다. 그 지표 뒤에 자리하는 많은 사람들이 있기에 세상은 변하는 것이다.

스티브 잡스가 만들어낸 아이폰의 근간에는 기존의 핸드폰에 대한 불만과 더 나은 모바일 기기에 대한 대중들의 바람이 자리했다. 그리고 잡스의 얼토당토 안 한 아이디어를 어떻게든 실현시킨 애플의 기술진들이 존재했고 그들을 보좌한 수많은 중소기업이 있었다. 그들을 뭉뚱그려 그저 잡스 하나로 응축시켰을 뿐이다. 아이폰은 지구를 변화시킨 엄청난 발명품이다. 이 작은 스마트폰이 인류의 생활을 완전히 뒤바꾼 것이다.

비서는 어떨까? 리더의 지근거리에 있는 사람으로서 어떤 정책이나 결정에 책임이 없을까? 본질만 따지면 비서는 공직의 여러 분야 중 하나일 뿐이다. 업무를 업무로서 끝내면 비서는 퇴근 후부턴 자유이고, 또 자연인이다. 법을 어기지 않는 범위 내에서 자유롭게 산다고 누가 뭐라 할 수도 없다. 하지만 비서는 그럴 수 없다.

이해 관계자들과 매주 골프를 치러 나간다면, 고급 술집에서 술을 마신다면, 음주운전을 한다면, 누군가와의 다툼으로 폭행사건에 연루된다면 등 비서가 되었다면 몸가짐에 더욱 조심을 기해야 한다. 비서의 모든 것들은 리더와 연관되기 때문이다.

언행에 있어서는 더욱 그러한데 그럴 힘과 권한이 있을지도 만무하고, 설령 힘이 있다 하더라도 비서의 작은 행동이 혹여나 갑질로 비춰지는 것으로도 경계해야 한다. 그러다 보니 늘 자기관리에 철저해질 수밖에 없다. 사실 리더의 비서에 관한 이야기는 가십거리로서는 딱이다. 무슨 실수 하나만 잘못해도, 심지어 실수가 아니어도 사람들 입에 오르내리기 쉽다.

CHAPTER 2 **리더의 시너지는 비서가 확장한다**

비서는 숨길 비(秘)를 늘 기억해야 한다. 리더를 위해서 몸과 마음을 숨겨야 하고 나서야 할 타이밍이 언제인지를 항상 생각해야 한다. 비서를 하다 보면 많은 질문들을 듣고 또 여러 부탁이 들어오기도 한다. 그러나 막 거절해서도 안 된다. 상대의 기분이 나쁘지 않게 현명하게 거절해야 하며, 또 들어줄 수 있는 일은 법과 원칙에 맞게 진행하도록 해주어야 한다.

꼭 알아야 하는 내용 이외에 보안을 이유로 일부러 몰라야 하는 것도 비서의 일이다. 알면 말하고 싶고, 말하면 결국은 알려지게 마련이다. 세상에 비밀이라는 것은 없으니까 말이다. 그래서 내가 모시는 리더가 나를 통해 더 큰 시너지, 더 좋은 판단을 내릴 수 있도록 그만큼의 능력과 실력을 갖춰야 한다. 리더를 지금보다 더 한발 나아갈 수 있도록 하기 위해서다.

나는 그동안 나의 리더로부터 많은 것을 배웠다. 그 점을 항상 감사하고 뿌듯해 한다. 뒤집어 나의 리더가 나를 통해 어떠한 것이 나아졌을까?라는 질문을 누군가 한다면 나의 대답은 '그것은 그분만이 아실 일'이라고 답할 것이다. 속으로는 조금이나마 나아졌기를 진심으로 바라면서 말이다.

리더와 비서는 하나의 작은 팀

리더의 의중이 85점이면 과하지 않는 것을 원하는 것이다. 이 경우 100점을 하는 것보다 85점을 맞추는 것이 더 어렵고 힘든 일이다. 늘 과하지 않게 리더의 의중을 파악하고 그에 맞추는 것이 비서의 할 일이다. 리더가 강조하는 '문지기 이론'이라는 것이 있다. 경찰, 교도관, 경비업체 등 이들의 업무는 일어난 일을 처리하는 것보다 아무 일도 일어나지 않게 하는 것이 더 중요하다. 아이러니하지만 아무 일도 일어나지 않게 많은 일을 하는 셈이다.

비서 역시 리더를 아무 일 없게 무탈하게 지금까지 지켜온 것, 사고 없이 수행해 왔다면 자기 일을 충실히 해온 셈이다. 그것은 결국 리더 나아가 조직, 만약 지방자치단체라면 도민, 시민들을 위한 일이 된 셈이다. 그것이 비서와 리더 간의 협업이고 동반성장이다.

하루를 묵어야 하는 국내 출장, 수일간 밖에서 자야하는 해외출장 등 리더에게는 외부 출장이 많다. 그리고 그런 그를 모시는 비서도 당연히 출장이 많을 수밖에 없다. 그렇게 긴장되고 피곤한 일정이 끝나고 돌아오는 귀가길, 리더가 말해주는 "고생했다." 그 한마디, 그 한 말씀이 비서에게는 정말 가슴 떨리는 기쁨으로 돌아온다.

그것은 모시는 사람에게 인정을 받았다는 의미로 들리기 때문이다. 리더의 판단과 결정에 따라 많은 것들이 바뀐다. 공직의 리더라면 국민의 일상이 바뀐다. 때로는 그들이 간절히 원하더라도 이뤄지지 못하는 일도 있다. 그때 리더가 괴로워하거나 고민하는 것을 지켜보면서 비서 역시 괴로워진다. 리더와 비서는 한 팀이기에 말이다.

리더와 비서는 아주 작은 하나의 팀이다. 실타래로 따지자면 기둥에 묶는 첫 번째 매듭이다. 여기에 사람들이 하나둘 둘둘 말리면서 종래에서는 커다란 실뭉치가 되는 것이다. 비서의 일은 리더가 그 기둥에서 풀려나가지 않도록 뒤에서 힘을 불어넣어주는 일이다. 그것은 그분을 위한 일이기도 하지만 나의 발전을 위한 일이기도 하다. 리더가 커지면 비서도 커지는 것이 당연하기 때문이다.

06

'대통령도 대통령의 비서였다'

공직자의 비서는 국민의 비서

내가 아는 최고의 비서가 있다. 아니 그도 언젠가는 비서였다. 다름아닌 그는 문재인 대통령이다. 공무원인 내가 우리나라의 최고 수장에 대해서 이야기한다는 것은 굉장히 조심스러운 일이다. 그분의 능력이나 정부의 정책에 관해서는 더더욱 그렇다. 그럼에도 비서로서의 이야기는 꼭 쓰고 싶었다.

대통령의 이야기를 함에 있어 한 가지 비극적인 사건을 이야기하지 않을 수 없다. 꽤 오래전 봄날이었다. 존경하는 한 명의 대통령이 국민들 곁을 스스로 떠났다. 그것은 당시 나에게 충격적인

CHAPTER 2 리더의 시너지는 비서가 확장한다

소식을 넘어서 엄청난 일이었다. 그를 지지했고 응원했던 사람으로서, 그 청천벽력 같은 소식은 일상을 온통 흔들었다. 비극적인 소식이 뉴스를 통해져 오고 누군가 TV에 나와 담담하게 그 사건을 말했다. 바로 지금의 대통령인 문재인 당시 비서실장이었다. 고인과 친구이기도 했던 그는 기자회견 내내 시종일관 담담한 표정이었다.

"대단히 충격적이고 슬픈 소식입니다."로 말을 꺼내는 그의 표정은 '슬프다는 감정이 너무 크면 그것이 느껴지지 않을 정도가 되는구나.'라는 인상을 주기에 충분했다. 나아가 그런 그의 담담함 속에는 미처 가늠하기조차 힘든 엄청난 인내와 깊이가 자리해 보였다.

변호사 문재인, 사법고시 합격 후 연수원을 차석으로 수료했으나 과거 시위 전력 때문에 판검사 임용을 포기하고 변호사를 택한 사람, 부산으로 내려와 노무현 전 대통령을 만나면서 거친 파도를 항해하는 배에 올라 타 자신보다 타인의 인생을 살기 시작한다.

비서로서의 문재인은 알려진 것보다 더 대단한 사람이었다. 그가 청와대에서 나왔을 때 몰고 다니던 차는 렉스턴 구형모델이었다. 10년이 훌쩍 넘어 중고차 시장에 내다 팔아도 돈도 되지 않는 차였다. 그는 대통령 비서실장이었고 민정수석이었다. 그리고 변호사다. 아무리 인권변호사였다지만, 부산에서 이름대면 모를 리

없는 유명 변호사가 끌고 다녔던 게 구형 렉스턴이었다. 고교 동창들이 청와대로 찾아왔으나 얼굴 한번 보지 않고 돌려보낸 이야기는 더욱 유명하다.

참여정부 시절 왕수석으로 불렸지만 나이 어린 직원들에게 반말 한 번 쓴 적이 없었으며 항상 정중하고 공손했다고 한다. 상급자로서 위에서 군림하며 일방적인 주장과 지시를 내세우기보다 다양한 의견을 경청하여 상황을 명확하게 정리하는 스타일이었다는 것이다. 비서실장 시절에는 총리가 이해관계자들과 내기 골프를 쳤다는 이야기를 듣고 고심하는 대통령에게 해임을 촉구했다고도 한다.

청와대 입성 당시 1년 정도만 하고 나가겠다는 말을 공공연히 해왔지만 노 전 대통령의 주변은 언제나 바람 잘 날 없었고, 문 대통령은 그런 바람들 속에서 리더를 지켜야만 했다. 상상을 초월한 업무량, 한 명 두던 여직원을 슬그머니 두 명으로 늘렸고 그 사이에 이가 하나씩 빠졌다. 빠진 이를 채워넣기 시작한 것이 어느새 임플란트 10개, 그러나 남들 다 긴장하는 치과치료를 받으며 졸았을 정도로 당시 문 대통령은 업무에 치어 살았다고 한다. 특히 취미가 등산에 스쿠버다이빙이라는 문 대통령이 일에 얼마나 치어 살았으면 고혈압과 녹내장까지 왔다.

그럼에도 내가 아는 한, 문 대통령의 표정은 변함이 없었다. 탄핵 정국 때도, 자신의 리더를 헐뜯는 수많은 법적인 문제 앞에서

도 그는 언제나 기자들에게 친절했으며 또 그 와중에도 할 말은
다 하고 아낄 말은 아껴가며 리더를 지켰다. 당시의 기사를 보면
카메라에 잡힌 노 전 대통령의 뒤엔 항상 엷게 웃거나 무표정인
문 대통령이 서 있었다. 언제나처럼 묵묵하게 말이다.

지금도 그는 매사에 솔선수범하면서 국민들 앞에 허리를 숙이
길 주저하지 않는다. 그것은 그가 참여정부 비서실장이었을 때나
다를 바가 없다. 최고의 리더 옆에서 충분히 함께 고민했기에 지
금의 묵직하면서도 인간적인 리더가 되었는지도 모르겠다. 그는
여전히 내가 아는 국민을 위하는 최고의 비서이다.

PREMIUM
TIP

비서가 모시는 사람은 단순한 리더가 아니다. 국민들이 그들의 미
래를 위해 선택한 사람들이다. 그 선택이 실수가 아니었다는 것을 보여
주기 위해 리더들은 뛰어다녀야 하고, 비서는 그런 리더를 받쳐주며 어
제보다 나은 오늘을 만들어야 한다.

비서 마인드가
리더를 최고로 만든다

01

비서의 특수성부터 받아들여라

비서 1년은 타 부서 3년

비서를 두고 있는 사람은 기본적으로 한 조직의 장이라고 봐도 무방하다. 기업에서는 CEO들이고 청와대 비서실은 논외로 치더라도 중앙부처 장차관급, 지방자치단체장 혹은 부단체장 정도이다. 이른바 소위 높은 사람들이라는 것이다. 주로 만나는 사람들도 비슷한 부류인 경우가 많아서 이들의 비서는 일단 눈 자체가 높아질 수밖에 없다. 마치 육군본부에 별들이 하도 많아 사병들이 별 하나는 가볍게 경례하면서 지나친다는 농담이 현실로 다가오는 셈이다.

실제로 나도 비서가 되기 전에는 쉽게 만날 수도 없는 간부 공무원들을 날마다 보는 것은 물론이고 때로는 이들에게 리더를 대신하여 리더의 말씀을 전달하기도 한다. 비서들은 자신의 직급보다 연령적으로나 사회적으로 훨씬 높은 사람들을 상대할 수밖에 없다.

특히나 수행 비서는 리더와 오랜 시간을 함께 하고 있기에 리더의 측근이라고 불리기도 한다. 업무적으로 아주 틀린 말은 아니다. 비서들은 리더가 중요한 행사에 들어가게 되면 그 빈자리에서 다른 여타한 일들을 처리해야 한다. 그 경우 리더의 뜻을 대신 전달해야 하는 입장이기 때문에, 리더의 입장에서 생각해야 할 때가 많다.

순간적으로 빠른 판단이 필요하고, 또 정확한 판단도 필수다. 사전 보고가 어려울 수도 있기에 사후 판단 후 보고가 필요한 경우도 많다. 한마디로 종잡을 수 없는, 긴장감을 놓을 수 없는 직업인 것이다. 직급보다 많은 권한이 있지만 그에 따른 책임도 많이 필요한 것 역시 비서만이 가진 특수성이다. 일반 직장인들보다 훨씬 더 많은 사람을 만나고 대외적으로도 많이 노출되며 또 귀를 열어야 할 일도 많다.

그럼에도 불구하고 또 명확한 업무가 있다고 보기도 힘들다. 당장 내일까지 작성해야 할 서류나 결재를 받아야 할 일들은 드물다. 아울러 단체장을 수행 보좌하기 때문에 퇴근 시간이 정해져 있지 않다. 때에 따라서는 쉬는 날, 주말에도 긴급한 상황이 있으면 언제든지 나올 준비가 되어 있어야 한다. 그러니 휴식시간에도 늘 대기를 하는 것이 몸에 밸 수밖에 없고, 멀리 놀러가는 일정은 비서일 때는 아예 접어두는 것이 속 편하다. 비서의 업무가 남들보다 더 긴 것은 사실이다. 그만큼 남들보다 몇 배 더 많은 것을 빠르게 알 수 있다는 것도 맞는 말이다.

수행 비서는 리더의 손과 발이 되어 수행하는 것이 주 임무지만 때로는 리더의 사적인 부분, 사소한 일들까지 신경써야 하는 경우도 많다. 이런 마인드의 근원에는 내가 리더의 제대로 된 수족이 될수록 리더는 사소한 것들에 신경을 덜 쓰게 됨으로써 정책 결정이나, 중요한 판단에 시간을 더 쓸 수 있다는 것이 자리한다.

비서는 멀티플레이어로 항상 여러 가지 일을 동시에 하면서도, 리더의 가려운 곳을 꿰뚫어 볼 줄 알아야 한다. 또한 특별한 정보력과 남을 배려하는 말씨, 훌륭한 매너, 감정조절능력, 인간관계를 지녀야 한다.

그렇기에 다른 직책도 마찬가지이지만 비서는 더욱더 자신이 원한다고 되는 것은 아니다. 비서는 어떤 방면으로든 선택받은 사람들이 하게 된다. '누구나 할 수 있지만 아무나 할 수 없다.'는 해병대의 구호가 아니라 어쩌면 비서들의 구호일지도 모른다. 비서는 '자리가 사람을 만든다.'는 말을 절감하는 자리이기도 하다.

덧붙여 대외적으로 깔끔한 이미지는 물론, 말투, 친절함과 상냥함 등은 기본으로 갖춰야 한다. '○○가 일 잘 하더라', '깔끔하더라' 이런 말들은 쉽게 전파되지 않지만 '□□비서는 인사도 안 하더라', '△△는 만날 얼굴에 짜증을 늘 달고 살더라.' 등의 말들은 쉽게 퍼진다.

리더만큼이나 많은 사람들의 주목을 받기에 술 취한 얼굴, 담배 냄새는 피해야 하는 것도 비서가 가진 특수성의 한 일환이다. 한마디로 비서가 되는 순간부터 '침묵의 수행승'이 된다고 생각하면 속 편하다.

돈 주고도 배울 수 없는 것들, 개인 교습

비서가 되는 순간 높은 사람을 모신다는 생각에 어깨가 으쓱해지기도 하지만, 그것도 잠시 리더를 모신다는 막중한 책임감과 사명감이 일상을 완전히 뒤바꾼다.

그런데 그것이 나쁘지 않다. 책임감과 사명감에 의해서 움직이기 때문이다. 그것은 내가 모시는 리더라는 교과서를 더 자주 볼수록 배우는 것이 많아지기 때문인지도 모른다. 사실 비서는 일종의 경영 수업, 행정 수업을 매일 받는 것과 마찬가지다. 또 평상시 결정 사항, 위기시 대응 방법, 의사결정(정책결정)시 고려해야 할 것들 역시 매일 마주한다.

돈 주고도 배울 수 없는 것들을 날마다, 개인 교습을 받고 있는 것이다. 본디 비서는 그 태생부터가 특수한 직종이다. 동양에서 비서라는 개념이 처음 생겨난 것은 후한 광무제 때라고 한다. 황제의 기밀문서나 비장의 서책을 관리하는 직책이어서 비서(秘書)라고 했다. 또한 왕이 죽으면 그 비밀을 지키고자 비서도 따라 왕과 함께 순장할 정도로 최측근 요직이었다.

서양에서도 비서(Secretary)라는 단어는 비밀(Secret)에서 유래됐지만, 지금은 내각, 장관이라는 뜻으로도 쓰인다. 미국에서 국무장관은 'Secretary of State'이다. 중국 등의 공산당에서 비서는 최고 지도자급을 지칭한다. 이런 사례들은 넘버원을 가까이서 모시고 비밀스럽고 잡다한 일들을 처리하면서도, 조직에서 아주 중요하고 막강한 직책인 비서의 특수성을 의미하기도 한다.

현대에 들어서도 비서는 자신의 의지와는 상관없이 조직 최고의 기밀문서, 중요 문서 등을 다루고, 많은 정보를 알게 된다. 그렇기에 비밀엄수, 기밀엄수는 비서의 최고 덕목 중에서도 기본이다. 사람들이란 묘해서 비서들이 비밀을 감추고 있다는 것을 알면 한사코 그것을 물어보려는 경향이 있다.

약간의 팁을 알려준다면 무조건 정색하며 모른다고만 할 것이 아니라 '비서실장님이나 이런 분들만 알 것 같다.'거나 혹은 '등잔 밑이 어두워서 다 발표가 되면 우리도 뉴스를 통해 알게 된다.' 정도로 정중하게 웃어넘기는 것이 좋다. 그래야 상대가 불쾌감을 느끼지 않기 때문이다. 가장 중요한 것은 정말 기밀사항은 스스로 보지 않으려는 태도다. 알면 말하고 싶어지는 게 사람이기 때문이다.

PREMIUM
TIP

　많은 공직 간부들의 공통적인 말은 '비서 1년 업무는 타 부서의 3년 정도와 같다'는 것이다. 비서의 시간은 다른 직종의 시간보다 길고 또 집중적이기 때문이다. 그 시간 동안 굉장히 많은 정보들이 들어온다. 정보는 들어오지만 또 배출해서는 안 된다. 엄격한 통제를 거친 정보만이 외부로 나올 수 있다. 이런 특수성을 이해하지 못하면 비서라는 직업은 과도한 업무를 하는 직종일 따름이다.

02

자존감, 더 챙겨야 할 마인드

말하는 직업이 아니라 듣는 직업

지방자치단체장 수행 비서의 주 업무는 단체장이 아침 댁에서 나오실 때부터 저녁 귀가 시까지 손과 발이 되어 하루 일정을 수행하는 것이다. 또한 정책 내용을 챙기고 단체장의 지시사항이나 주민들의 민원사항이 있으면 이를 챙겨 담당 부서에게 전달하여 처리되도록 하는 역할도 한다.

선출직으로 뽑힌 단체장들은 수행 비서를 일반직 공무원 또는 선거캠프 출신으로 임용하기도 하는데, 일반직보다는 자신을 오랫동안 수행해 온 캠프 출신 수행 비서가 많은 편이다. 겉으론 같아 보이지만 캠프출신 비서와 일반직 비서 사이에는 다소 차이가 있다. 그것은 다름 아닌 사람들이 비서를 대하는 태도이다.

단체장을 모시고 국가예산확보와 현안사업해결을 위해 중앙부처 출장을 자주 가게 되는데 각 부처마다 해당 자치단체에서 파견을 나간 간부들이 있어 소속 단체장이 오면 영접을 나오는 경우가 있다.

한 번은 모 부처에 파견 중인 간부를 처음 뵌 적이 있었다. 한참 어린 나에게 말끝마다 '네! 비서관님, 옳으신 말씀이시네요.' 하시며 상당히 불편한 존중을 했다. 얼마 후 다시 그 부처 출장이 있어 그 간부를 또 보게 되었다. 대뜸 나에게 '야! 너 일로 와 봐, 너 이 새끼, 도청 공무원이었어?' 하면서 호칭이 '비서관님'에서 어느새 '이 새끼'로 바뀌어져 있었다. 물론 나는 '내 새끼 해라.'라고 하는 그 간부의 카리스마를 좋아한다.

사실 비서는 상황에 따라 자존감이 떨어질 때가 있을 수도 있다. 우리는 월급까지 상납해야 했던 국회의원의 비서관이나 재벌가 사장님들의 비서 폭행 갑질, 사령관 부부의 노예 공관병 논란 등 비서를 몸종처럼 부리는 일들을 심심치 않게 볼 수 있다. 그러나 내가 비서가 되었을 때 사람들은 나를 부러워하며 '복이 많다.'고 했다. 해외 출장 때 리더의 여권을 놓고 간 일, 대통령 참석행사에 늦은 대형사건 등에도 나무라신 적이 없으실 만큼 내가 모시는 리더는 지역에서 외유내강형 선비로 유명하신 분이기 때문이다.

이런 나도 딱 한번 크게 혼난 적이 있는데 비서가 되고 처음 맞이하는 1박2일 출장 때였다. 첫날 일정이 끝나고 예약한 호텔에 도착했을 때, 지사님은 건물 끝이 보이지 않는 초고층 5성급 호텔을 보더니 불호령을 내며 당장 예약을 취소하라고 하셨다. 그리고 우리는 인천 어느 시장 안 허름한 모텔에서 하루를 묵고 나왔다.

다음날 아침 시장 통에서 해장국을 먹으며 말씀해주셨다. 몇 시간 눈만 붙이고 나오는데 출장 숙박비로 값비싼 호텔에 묵으실 수 없어서 그러셨다고 말이다. 의례 단체장님들은 그런 곳에서만 주무시는 줄 알았던 나는 그 뒤로 값비싼 호텔은 예약해 본 적이 없고 그것이 지금까지 기억하는 처음이자 마지막 꾸지람이셨다.

아울러 그것은 역으로 나에게 자존감을 불어넣어준 일이기도 하다. 좋은 곳에서 자고 좋은 음식을 먹는다고 자존감이 높아지는 것이 아니다. 리더의 의중을 파악하고 그 리더로부터 이해와 인정을 받는 것이야말로 비서들의 자존감이 높아지는 일이다. 한번의 꾸지람이 오히려 리더의 인정을 받고자 하는 의지로 승화됐고 리더의 검소함과 깊은 의중에 다시 한번 감복하는 계기도 됐었다.

모시는 사람이 존경스러우면 비서 역시 뿌듯할 수밖에 없다. 요즘 대두되고 있는 오너의 주변인들에 대한 갑질은 평생 회사를 경영하고 있는 오너에게 종속되어 있기 때문에 발생하는 일이다. 비서를 맡은 사람이 회사를 은퇴할 때까지 다닐 요량이라면 오너의 어떤 주문에도 응할 수밖에 없기 때문이다.

그에 비한다면 공직 비서는 그런 걱정이 없다. 대부분의 리더들은 존경할 만하고 멋진 리더들이기 때문이다.

비서는 '이청득심'의 자세를 가져야

기본적으로 비서는 '이청득심(以聽得心)'의 자세를 가져야 한다. 상대방의 목소리, 의견에 귀를 기울이면 사람의 마음을 얻는다는 말처럼, 상대방의 의견을 존중하는 태도가 우선돼야 한다. 존중과 복종은 다르다. 존중은 주의 깊게 듣고 거기에 따른 적절한 피드백이 있는 것이고 복종은 자신의 생각을 접어두고 고개를 숙이는 것을 의미한다.

자존감은 내가 주는 것과 상대가 주는 것, 두 가지가 어우러져야 한다. 나를 낮추는 것을 알아주는 사람에게는 낮춰야 한다. 이럴 때는 낮출수록 인정을 받기에 자존감이 올라간다. 반면 비서의 낮춤을 이용하는 사람이 있다면 역으로 예의에 벗어나지 않는 범위에서 확실한 태도를 보여야 한다.

사람은 자신을 인정하는 사람을 위해 목숨을 바친다는 말이 있다. 리더에게 인정받았을 때, 비서는 힘이 나고 자존감이 높아진다. 그렇기에 리더로부터 인정을 받는 방법을 늘 생각하고 있어야 한다.

어떤 사안에 있어서 많은 사람들이 회의를 하고 있는데, 지사님께서 "그것은 수행 비서가 제일 잘 알 거다. 의견을 한번 들어보라."고 말씀하셨을 때가 있었다. 그 순간 비서로서의 존재 이유를 실감하고, 뭔가 역할을 하고 있다고 느꼈다. 그것은 이 직업에서 얻을 수 있는 가장 큰 기쁨이다. 리더가 인정해주기에 모두가 인정해주는 그 순간, 나 스스로도 자존감이 높아짐은 물론이고 비서로서의 가치도 높아진다.

이 부분에 대해서는 많은 비서들이 공감할 것이다. 물론 공직 비서들은 상당한 대우를 받고 있고, 직급보다 더 높은 직위를 부여 받았다고 생각한다. 그렇기에 나는 더 무한한 책임감을 느끼고 자기관리에 충실하려고 노력한다.

리더로부터 인정을 받는 것은 그냥 이뤄지는 일이 아니다. 노력이 수반돼야 한다. 즉, 자존감을 높이기 위해서 노력이 필요하고 그 노력은 리더를 보필하는 것을 넘어서서 리더의 조언자로까지 올라가려고 해야 가능하다. 노력 끝에 리더의 "수고했네." 이 한 마디를 듣는다면 분명히 비서로서는 성공한 삶을 살고 있는 것이다. 다시 말해 비서의 자존감은 리더의 인정으로부터 발생하며, 리더의 인정을 받기 위해서 노력하는 것이 곧 비서의 자존감을 올리는 일이다.

오히려 더 조심해야 하는 것은 비서들 자신들의 갑질이다. 단체장, 리더를 뒤에 두고 리더처럼 행세하는 비서가 과연 없을까? 내가 잘났다고, 더 많이 안다고, 급수가 높다고 누구든지 인격적으로 대하지 않고 막 다루는 비서들은 분명히 있다. 하지만 그것은 오히려 자신의 자존감을 낮추는 일일 뿐이다.

PREMIUM
TIP

비서는 말하는 직업이 아니다. 듣는 직업이다. 그것도 잘 들어야 하는 직업이다. 그런 직업을 가진 사람이 듣기보다 지시를 더 많이 한다면, 그는 인정받을 수 없다. 인정을 받지 못하는 비서는 자존감이 올라갈 리가 없다. 자존감은 비서가 가져야 할 필수 마음가짐이다. 그러나 그것은 쉽게 오지 않는다. 노력하지 않으면 주어지지 않는 것이다.

03

입체적인 관점에서 사고할 줄 알아야

나의 한계는 관점의 한계

언제였던가. 연 이틀 서울 출장을 다녀온 피곤한 저녁 9시 경이었다. 전주로 내려오는 열차에서 허겁지겁 먹은 빵 때문인지 속이 더부룩해 약국을 찾았다. 비가 부스스 내리는 늦은 저녁 시간 때문인지는 몰라도 문을 연 약국을 찾기는 쉽지 않았다. 속은 좋지 않고 배는 점점 더 아파오고 이리저리 헤매던 차에 저 멀리 신호등 맞은편으로 조그만 약국이 눈에 띄었다.

비상등을 켜고 차를 도로 한 켠에 놔두다시피 놓고 황급히 약국 안으로 들어갔다. 손님이 없는 약국 안은 묘한 정적이 가득했다. 그리고 한 켠에 흰 가운을 반듯하게 입고 있는 초로의 약사 한 명이 앉아서 책을 보고 있었다. 소화제와 활명수를 주문한 나는 이런 아픈 상황이 언젠가는 또 있을 수도 있겠다 싶어 "소화제 몇 개씩 더 주세요."라고 추가 주문을 했다. 그러자 봉지 안에 소화제를 넣던 약사가 갑자기 손을 멈추더니 나에게 외쳤다(편의상 평어로 대신).

"이 사람아!"

약국 안의 정적이 깨지자 화들짝 놀란 나는 고개를 들어 약사를 쳐다보았다. 자세히 보니 약사의 나이가 생각보다 많아 보였다. 약사는 곧바로 "몇 개라고 하면 내가 어떻게 아나? 자네가 생각하는 몇 개와 내가 생각하는 몇 개 사이에는 아주 큰 차이가 있을 수가 있어, 그래서 몇 개야?"라고 되물었다.

순간 말문이 막혀 나는 조그만 소리로 얼른 5개라고 말했다. 그러자 약사는 "자네 얼굴을 보니 나는 자네가 말한 몇 개가 3개라고 생각했는데 허허. 거 봐 다르지?"하고 껄껄 웃는 것이 아닌가. 봉지에 소화제와 활명수를 넣는 그를 보면서 나는 한 대 얻어맞은 느낌이었다. 그러다 벽에 걸려 있는 약사 면허증이 눈에 들어왔다. 높은 곳에 걸려 있어 잘 보이진 않았지만 어렴풋이 눈에 들어오는 숫자는 '1942'였다.

아뿔싸! 요새 돋보기가 없으면 글씨가 잘 보이지 않는다고 하시던 아버지보다 더 연세가 많으신 게 아닌가. 해방 전 태어난 할아버님은 올해 77세셨다. 면허증을 본 것은 약사의 나이를 알고 싶기도 했지만 또 다른 이유는 아픈 배를 이끌고 급하게 오느라 현금을 찾지 못한 채 신용카드 달랑 한 장만 들고 왔기 때문이다.

황급히 주머니를 뒤졌더니 언제 넣어둔지 기억조차 나지 않는 꼬깃꼬깃한 천 원짜리 지폐 한 장만이 손에 잡혀졌다. '분명 약사님이 연세가 있으니 카드 계산을 잘 못하실 거니까 카드를 내밀면 현금을 달라고 하시겠지? 그럼 뭐라고 말해야 할까? 차에서 현금을 가지고 온다고 할까? 아니면 주머니 속 현금 천 원어치만 산다고 말씀드릴까?'라는 생각들이 머릿속에서 뒤엉켰다.

약 3초간의 침묵 끝에 "정말 죄송한데 봉지에 담고 계신 거 다 무르고 천 원의 현금으로 활명수 한 병만 사야겠습니다."라고 말하려는데, 약사님은 나의 손에 들려있던 카드를 빼앗아 익숙한 손동작으로 7,500원을 결제하는 게 아닌가. 나아가 약사님은 얼떨결에 서명을 하려는 나에게 "5만 원 이하는 무서명일세."라며 카드와 영수증 그리고 봉지에 담긴 활명수와 소화제를 손에 쥐어주었다. 지금 생각해 보니 그 약사님은 심지어 안경도 쓰지 않았던 것 같다.

세상에 당연한 것은 없다

공무원 시험에 막 합격해 구름 위를 걷고 있던 그해 겨울이었다. 몇 년간의 노량진 수험 터널을 끝낸 나에게 임용 대기 전까지 몇 달간의 자유시간이 주어졌고, 나는 남은 기간 동안 무엇을 할까하는 행복한 고민을 하던 차였다. 그러다 우연히 전봇대에 붙어 있는 '바둑 가르칩니다.'라는 전단지가 눈에 들어왔다.

유년시절 우리 집을 방문하시던 고모부, 이모부, 작은아버지, 심지어 제일 큰 사촌형까지 아버지와 한판 일전을 벌이곤 했는데, 규칙도 모르는 나는 심판을 본다고 바둑판 가운데 곧잘 앉아 있곤 했다. 그리고 언젠가 성인이 되면 아버지와 바둑을 두어 보고 싶다는 막연한 생각을 가졌던 적이 있었다.

그래서였을까. 무언가에 홀린 듯 나는 전단지를 뜯어 거기에 적힌 주소로 찾아갔고 창문너머로 보이는 바둑학원에는 진지한 표정으로 대국을 펼치는 아이들이 보였다. 그것은 나에게 미지의 세계와도 같았다. 지체없이 문을 열고 들어갔다. 조금 기다리니 사범님께서 나오셨는데, 나를 학부형으로 오인하는 게 아닌가. 바둑을 배우러 왔다고 말씀드렸더니 난색을 표했다. 알고 보니 이곳은 어린 학생들만을 가르치는 학원이었던 것이다.

지금 생각해봐도 이해가 안 되는 게 나도 왜 그랬는지 모르겠지만 마치 바둑학원이 이곳 하나밖에 없는 양 갖은 떼를 쓰기 시작했다. 결국 사범님은 나의 등록을 허락해줬다. 그 결과 다음 날부터 나는 초등학생들 사이에서 아저씨 바둑 수강생으로 참여하게 됐다.

떼를 써서 들어와서인지 바둑 수업은 내가 상상했던 것보다 훨씬 재미있었다. 마치 당구를 처음 배웠을 때처럼 밥을 먹을 때는 밥공기가 바둑알로 보였고 침대에 누워있을 때는 천정에 바둑판이 그려졌다. 집중한 덕분에 실력은 늘었고 칭찬에 인색한 사범님도 감탄을 연발하셨다.

그러던 어느 날이었다. 학원에 온 나를 보자마자 사범님께서는 대뜸 "때가 됐다."면서 대국을 펼쳐보자고 하셨다. 첫 상대는 초등학교 1~2학년 정도 되었을 어린 학생이었다. 첫 대국이라 무척 긴장했지만 막상 대국에 들어가니 두 판을 다 손쉽게 이기는 게 아닌가. 더 기분이 좋았던 것은 사범님이 귓속말로 "방금 둔 학생이 학원에서 실력이 세 번째 정도 가는 친구인데 참 잘했다."고 말해주신 것이다. 그날 집에 가는 길은 꽃길을 걷고 있는 것처럼 왠지 모를 뿌듯함과 행복감이 밀려왔다.

다음 날도 역시 대국에 임했는데 사범님께서는 말없이 손가락 2개를 펴 보이셨다. 랭킹 2위라는 뜻이겠지. 바둑판을 가운데 두고 상대와 마주했을 때는 묘한 분위기가 느껴졌다. 더욱이 대국에 들어가면 통상적으로 "한 수 배우겠습니다. 잘 부탁드립니다."라는 말을 서로 주고받곤 하는데, 상대는 나의 인사에도 묵묵부답이었다.

나는 흑을 잡았다. 물론 전날의 승리로 인해 자신감이 충만해 있는 상황이었다. 당연히 내가 이길 줄 알았던 것이다. 하지만 결과는 졌다. 그것도 상대가 안 될 정도로 무참히 크게 졌다. 쓸쓸히 사범님께 인사를 드리고 나왔고 어제와 같은 길을 걸어왔지만 기분은 우산 없이 폭우 속을 걷는 느낌이었다.

집에 오자마자 복수의 칼날을 갈기 시작한 나는 이창호 바둑 교본을 밤새 독파하며 눈에 불을 켰다. 사범님은 이런 내 마음을 이해하는 듯 이튿날 다시 그 학생과 대국을 붙여주셨다. 굳은 마음을 먹고 왔고 모든 정신을 집중했지만 첫 돌을 놓는 순간 나는 알았다. 오늘도 나는 이 학생에게 질 거라는 것을, 그것도 어제보다 더 크게 지겠다는 것을 말이다.

그리고 실제 결과도 그랬다. 하지만 초등학생에게 졌다는 부족한 실력을 탓하기 전에 내가 한 가지 발견한 것은 이 학생은 오늘도 나에게 인사를 하지 않았다는 점이었다.

"아무리 바둑을 잘 두어도 그래도 서로 인사는 해야지?"

정말 인사 안 하는 것이 못마땅했는지 아니면 연 이틀 계속 져서 자존심이 상했는지 돌을 거두면서 나도 모르게 입에서 한마디가 튀어나왔다. 그제야 처음으로 고개를 들은 학생은 나에게 말을 건넸다.

"I am sorry. pardon? what? I am not Korean."

화들짝 놀란 나는 아이의 눈을 바라보았고 아이는 맑고 파란 눈동자를 가지고 있었다. 당연히 한국 학생이라고 생각한 내 입에서 옅은 탄식이 나왔다. 학생이 나간 뒤에 사범님께서는 아이에 대해서 설명을 해주었다. 미국인 아버지와 재미교포 어머니 사이에서 태어난 아이인데 이번에 한국을 처음으로 방문했다고 했다.

또 미국에서 할 수 없는 것을 배우기 위해서 바둑을 잠깐 배우고 있다는 말도 덧붙이셨다. 한국말을 전혀 할 줄 몰라서 아이들과 말하는 것도 부끄러워한다는 말도 친절하게 더해주기도 하셨고. 학원을 나서는 길은 어제보다 훨씬 더 쓸쓸했고 나는 그 뒤로 학원으로 발걸음을 하지 못했다.

관점의 다양성 위해 개념정리 습관화

일화를 소개하는 것은 '맨체스터에서 런던으로 가는 가장 빠른 방법이 무엇인가?'를 설명하기 위해서다. 몇 년 전 영국의 한 신문사에서 '맨체스터에서 런던으로 가는 가장 빠른 방법이 무엇인가?'라는 공모전을 개최한 적이 있었다. 일반인은 물론 수학자, 과학자, 저명한 대학교수들, 세계적인 물리학자 등 수많은 사람들이 응모를 했다.

맨체스터에서 런던까지의 직선거리는 약 330㎞인데 버스, 열차, 배, 비행기를 이용하는 방법에서부터 '버스 기사를 협박해 빨리 달리게 한다.', '타임머신을 만들어 태워 보낸다.', '지하에 파이프를 연결해 진공상태로 만들어 1초 안에 보낸다.' 등 기상천외한 의견들이 많이 접수됐다. 그렇게 영국 전역을 뜨겁게 달궜던 공모전

1등의 영예는 한 어린아이에게 돌아갔다고 하는데 아이가 생각하는 가장 빠른 방법은 아래와 같았다.

'With good friend(좋은 친구와 함께였다).'

아이는 먼 거리지만 좋은 친구와 즐겁게 대화를 하면서 가면 맨체스터에서 런던까지 가장 빨리 갈 수 있다고 설명했다. 아무도 아이의 의견에 이견을 달지 못했다고 한다.

우리는 가끔씩 '어리기 때문에 안 돼.' 혹은 '연세가 드셨기 때문에 모르실 거야.' 아니면 '여자니까 아마 못 할 거야.', '한 부모 가정의 자녀가 그럼 그렇지.' 등 자신도 모르게 쌓여버린 고정관념을 만날 때가 있다. 유영만 저자의 ≪브리꼴레르≫에서는 자신이 5년 전에 사용했던 개념의 세계와 지금 사용하고 있는 개념의 세계가 비슷하다면 내 생각의 수준은 바뀌지 않은 것이라고 말한다. 운동을 주기적으로 하지 않으면 몸에 군살이 생기는 것처럼, 감각이나 생각도 자꾸 색다르게 쓰지 않으면 군살이 생긴다는 점이다.

저자는 연료를 넣지 않으면 차가 갈 수 없듯이, 개념이나 지식을 주기적으로 습득하지 않는 사람은 개념없이 살 수밖에 없다는 것을 강조한다. 생각은 자신이 습득한 개념으로 하기 때문이다. 상상력이 없다고 불평하지 말고 창조가 어렵다고 하소연하지 말고 다양한 책을 때와 장소를 가리지 말고 읽을 것을 추천한다. 입체적인 관점뿐만 아니라 어느 시대의 멘토든 불러 내 앞에 앉힐 수 있기 때문이다.

생각의 군살은 타성을 불러오고 고정관념을 만들어 낯선 생각을 방해한다. 비서는 고정관념이 없어야 한다. 고정관념은 다양한 사람들과의 대화를 막고 자신의 사고를 편협하게 만든다. 내가 생각하는 몇 개와 타인이 생각하는 몇 개는 너무도 다르다. 그런데 그것이 다르다고 상대를 뭐라고 하는 것은 이상한 일 아닌가.

04

현대적 의미의 충성심이란?

리더를 선택한 국민에게 충성

유비의 군대가 서주 가까이에 있는 소패성에서 조조의 군대에 패하자, 유비는 원소에게로 도피하고 유비의 두 부인을 경호하고 있던 관우는 체포되어 허도로 끌려간다. 그러나 관우의 용맹함과 인품에 반해 버린 조조는 그를 포로로 취급하지 않고 손님처럼 후하게 대우한다. 그해 겨울 조조는 백마성에서 원소의 대군과 싸우게 되는데 전황은 신통치 않았다.

관우는 조조의 후함에 보답하고자 조조의 수하로 전쟁에 나서게 되고 원소의 명장 안량과 문추를 단칼에 베고 전쟁을 승리로 이끈다. 유비가 살아 있다는 소식을 들은 관우는 안심하는 동시에 부인들을 데리고 유비가 있는 곳으로 탈출할 결심을 한다.

관우는 조조에게 작별의 편지를 적어 두고 유비를 찾아 떠난다. 조조의 막료들은 관우가 달아났음을 알고 이를 추격해야 한다며 목소리를 높이자 조조가 이를 제지하며 이렇게 말한다.

"그는 열심히 주군에게 충성하려고 노력하고 있는 거요. 추격해서는 안 돼요."

조조는 관우와 같은 시대의 명장을 평생 곁에 두고 싶었지만 이전의 주군에게 돌아가려는 관우의 의리와 충성심을 존중한다. 이 부분이 촉지 관우전에서 유래한 고사성어 '단기천리(單騎千里)'의 부분이다. 단기천리란 조조를 떠나 유비를 찾아가는 관우의 모습을 묘사한 말로, 말 하나를 타고 천리를 내달린다는 뜻이다.

현대사회에서 점점 희박해지기는 하지만, 충성심은 존경의 한 일환이기도 하다. 특히 비서의 경우 리더에 대한 존경심을 갖는 경우가 많기 때문에 충성심 또한 그 어떤 부하직원에 비해 높은 편이다.

리더가 현재 위치하고 있는 자리에 충성해야

하지만 현대의 의미의 충성심은 무조건적인 'YES'를 말하지는 않는다. 감언이설(甘言利說)은 지금 당장은 달지만 영원히 달지는 않다. 조직의 발전을 위해서는 옳은 이야기뿐만 아니라 쓴 이야기, 비판적 의견을 주는 사람도 언젠가는 쓸모가 있고 리더의 입장에서는 필요할 때가 있다. 그래서 비서의 역할이 매우 중요하다. 비서는 양면성이 있어야 한다. 달기도 해야 하지만 쓰기도 해야 한다는 것이다. 기본적으로 비서는 리더가 대하기 어려워서는 안 된다. 언제 어디서나 편하게 대화할 수 있는 사람, 어떤 일이라도 상의할 수 있는 비서가 되어야 한다.

리더 입장에서 편한 비서가 되어야 한다는 것이다. 그렇다고 편하다는 것이 아첨을 떠는 것이란 뜻은 아니다. 편한 비서란 리더의 뜻을 빨리 읽고, 말하기 전에 처리할 수 있는 능력을 가진 사람을 의미한다. 리더에게 일편단심 충성을 보이는 충신도 물론 필요하겠지만 비서는 충언이라는 거창함보다 다양한 정보가 차단되지 않게 하는 통로 같은 역할을 해야 한다. 좋은 소리만 들어오는 통로가 아니라, 나쁜 소리, 쓴 소리, 때에 따라서는 울부짖음도 통과할 수 있는 통로여야 한다.

PREMIUM TIP

단기천리에 대한 고사는 교훈을 주지만 비서로서는 경계하는 지점이기도 하다. 맹목적인 충성은 리더와 세상을 연결하는 통로를 막는 행위이기도 하기 때문이다. 비서는 다양한 정보가 차단되지 않게 하는 통로 같은 역할을 해야 한다.

05

비서가 자기관리를 못한다면
프로페셔널한 업무처리와 이미지

비서는 생각하는 것보다 자기관리가 더 중요하다. 그도 그럴 것이 대부분 사람들이 비서하면 떠올리는 이미지가 프로페셔널한 업무처리 능력과 깔끔하고 단정한 외모이기 때문이다. 맞는 말이기는 하다. 비서는 내면 뿐만 아니라 외면에도 마음을 기울여야한다.

비서는 글로벌 시대를 맞아 일정 정도의 외국어 능력은 물론이고 경제, 외교, 정치 등 다양한 분야의 지식을 겸비하고 있어야 한다. 또한 철저한 자기관리를 통한 건강관리와 신뢰감을 줄 수 있는 스타일링 능력도 필요하다. F 비서는 식사는 물론 야식까지도 철저히 가려서 먹는다. 그가 야식을 주의하는 이유는 리더가 밤에도 부를 수 있는데 잘못 먹어서 탈이 나거나 혹은 얼굴이 퉁퉁 붓는 것을 방지하고, 장기적으로는 살이 찔 수 있기 때문이다.

사실 그에게는 먹는 것에 대한 트라우마가 있다. 뷔페에서 음식을 잘못 먹어 고속도로에서 차를 세워놓고 갓길에서 큰일(?)을 본 적이 있다고 한다. 그동안 리더는 뭘했을까? 믿기진 않지만 리더는 그를 위해 망을 봐줬다고 한다. 그는 장거리 차량을 타게 되는 일정이면 물도 마시지 않는다. 특히 단음식은 거의 대부분 피하는 데 숙면을 방해하는 것은 물론이고 밤새도록 소화를 시키느라 위가 쉬지 못해 무리가 갈 수 있기 때문이라고 한다. 그의 이야기를 듣고 있으면 안쓰러움과 동시에 프로페셔널함에 감탄하게 된다.

술을 좋아하는 G 비서는 술자리는 피하지는 않지만 다음날 일정을 위해 1차만 하고 있으며 그 1차 역시 너무 취하지 않게 마시는 데서 끝낸다. 취해 있거나 숙취에 시달리는 사람에게서 총기와 좋은 아이디어가 나올 수 없는 것은 자명하다. 리더를 모시는 사람이 멍해 있다면 그뿐만 아니라 리더 역시 하루를 망칠 수도 있다.

H 비서는 매주 2권씩 책을 산다고 한다. 다 읽지 못하는 경우도 많지만 그래도 서점에 갈 수 있는 시간이 있다면 직접 가서, 한 시간 정도 어떤 것들이 베스트셀러인지 목록도 살피고 마음에 끌

리는 책은 꼭 구입한다. 분야별 베스트셀러에 대해서 대강의 줄거리, 어떤 주제인지만이라도 파악한다는 것이다. 그가 책을 사는 이유는 책 읽을 시간이 부족한 리더를 대신해 트렌드를 소개하고자 하는 목적이 있다.

내면의 아름다움을 찾는 비서

벼는 익을수록 고개를 숙인다. 천년만년 그 자리에 있을 수 없는 비서들 또한 언젠가는 떠날 사람들이다. 그런데 가끔씩은 평생 그 자리에 있을 것처럼 행동하는 비서들이 있다. 본인의 판단으로 일이 잘못됐지만 사과하고 바로 잡기보다 핑계 대기 급급한 비서, 혹은 남을 모함하는 비서들이 바로 그런 사람들이다.

또 많은 사람들이 있는 곳인데 큰 소리로 전화를 하면서 직위가 자기보다 높은 선배들을 혼내거나 비서들끼리 모인 자리에서 자기 리더의 험담을 마치 자랑처럼, 즐거운 일처럼 말하기도 한다. 자신의 리더들은 전혀 그렇지 않은데 권위적으로 행동하는 비서도 있다.

나 역시 어떤 비서가 음식점에서 "높으신 분이 오셨는데 이 정도 밖에 준비를 못했다."면서 식당 주인에게 언성을 높이는 것을 본 적이 있다. 이 비서는 음식을 타박하더니 이내 서비스가 불친절하다, 종업원의 복장이 엉망이다 등 본질과 다른 이야기를 퍼붓기 시작했다.

이뿐만이 아니다. 비서들 사이에서 자기관리를 못하는 비서들의 대표적인 행태가 업무적으로 구성원들을 불편하게 하는 것이다. 자신에게 사전 설명을 요구하고, 사소한 것들에 집착해 잦은 시정을 요구하거나(사실 별다른 차이가 없는 데도 말이다), 리더의 말씀자료에서 토씨 하나 틀렸다고 수정과 동시에 윽박지르거나, 필요 없는 지료를 만들라고 지시하는 것들이 바로 그것이다.

여기에 리더를 위한답시고, 행사 주최 측 등에 불쾌하게 말하거나 왜 우리 리더의 자리가 뒷자리냐, 대접이 이 정도냐, 사람을 초청해놓고 이렇게 하나, 우리 조직을 우습게 보는 건가 등 조직의 얼굴에 먹칠을 아주 솔선수범으로 하는 비서들도 있다.

물이 흐르듯이 자연스럽게

뛰어난 비서들은 물 흐르듯이 의전을 한다. 사실 그런 의전이 가장 멋있는 의전이다. 공식적인 자리에서 자신의 리더를 치켜세우기보다는 잠시 낮추더라도 상황에 맞추는 것이 훨씬 더 리더의 가치를 올려주는 일이다.

또한 누구에게나 인사를 상냥하게 하고 친절하며, 험담을 자제하는 것도 비서의 역할이다. 비서는 리더의 또 다른 단면이다. 리더가 바쁘고 정신없어 사소한 예의를 못 챙겼다면 그것을 하는 것은 비서다. 그런데 정작 비서도 리더처럼 그것을 캐치하지 못하고 넘어간다면? 본인만 욕먹고 끝나면 다행이지만, 비서에게는 그런 것이 없다. 일단 부정적 평가는 무조건 리더를 향하고 나아가 조직 전체를 향하기도 한다.

그래서 뛰어난 비서들은 효과적인 커뮤니케이션을 위해 갖가지 묘안을 만들어 내며 심지어 자신의 목소리와 화법을 고치기도 한다. 이런 비서를 두고 있는 리더는 자신의 일에 더욱 집중할 수 있다. 비서 스스로 자기관리를 한 것의 결과가 리더와 그 조직을 발전시키는 데까지 영향력을 미치게 되는 것이다.

PREMIUM
TIP

덧붙여 인정받는 유능한 비서들을 보면 굉장히 박학다식하다. 바쁜 시간에도 끊임없이 공부하고 배워야 할 것들은 스펀지가 물을 흡수하듯 빨아들인다. 거기에 예의는 기본 중의 기본이다. 이것이 바로 자기관리를 하는 멋지고 존경받는 비서들의 모습이다.

CHAPTER 3 비서 마인드가 리더를 최고로 만든다

06

관가 전설의 수행 비서

퍼펙트워크를 위한 자질들

공무원들의 로망, 승진의 필수 코스 중 하나로 단연 비서실 근무를 꼽는다. 청와대 대통령 비서실이야 말할 것도 없고 각 부처 장·차관 비서실, 광역자치단체와 기초자치단체에서도 비서실 근무는 각 기관의 엘리트 공무원 양성코스로도 통한다. 비서실 근무는 조직 전체적인 차원에서 폭 넓은 시야로 다양한 행정 경험을 쌓을 수 있고 인사권자를 지근거리에서 모시는 까닭에 타인보다 승진과 영전의 고지에 빠르게 오르는 일이 적지 않다.

비서실장을 중심으로 행정·정무·인사·소통·연설 비서관 등으로 이루어진 비서실 조직에서도 리더를 24시간 보좌하는 수행 비서는 단연 리더의 의중을 가장 잘 아는 사람 중 하나다.

중앙부처 장·차관 수행 비서는 대개 사무관(5급), 광역자치단체는 주사(6급), 기초자치단체는 주사보(7급) 정도가 단체장의 수행 비서의 업무를 담당한다. 수행 비서는 가방을 들고 늘 리더의 뒤를 따라다니기 때문에 '가방모찌(かばん持ち)'라는 속된 표현도 존재하지만 리더와 가장 가까이에 그리고 오랜시간 붙어 있기에 리더의 복심이라고도 평가받는다.

한국에는 '가방모찌'로 익숙하지만 일본의 전국시대에는 '짚신모찌'라는 직책이 있었다고 했다. '짚신모찌'는 주군이 밖으로 나갈 때 주군의 짚신을 가지런히 챙겨놓고, 밖에서 그를 따라다니며 언제 어디서나 목숨을 잃을 수 있는 전쟁의 시기에 일종의 경호원 역할을 하기도 했다고 한다.

오다의 신발을 관리하는 '짚신모찌'로 승진한 도요토미

우리에게는 임진왜란의 주범으로 알려져 있지만 미천한 천민의 신분에서 일본 전국을 통일시킨 통치자 도요토미 히데요시(1536~1598)의 첫 직책은 '변소지기'였다. 당대의 권력자 오다 노부나가의 행차를 가로막고 누워 버럭 '너무 가난하고 배고파서 살 수 없으니 죽여달라.'는 도요토미 히데요시를 오다는 변소지기로 데려갔고, 그가 관리하는 변소들은 다음날부터 퀴퀴한 냄새는 커녕 먼지 하나 없이 깨끗해졌다고 한다.

짚신모찌로 승진한 도요토미, 추운 겨울날 주군 오다의 짚신을 따뜻하게 데우기 위해 늘 자신의 품속에 넣고 잤다는 일화는 너무도 유명하다. 그 후 작은 부대의 지휘관이 되었을 때도, 성주가 되었을 때도 늘 열과 성을 다해 그 일을 했고, 결국 일본 최고 통치자의 지위에까지 오르게 된다.

강병규 전 안전행정부 장관은 공직생활을 고 함병춘 대통령 비서실장의 수행 비서로 시작했다고 하는데 내무부장관 비서, 국무총리 비서까지 유독 비서로 많이 일했다. 그는 비서시절 술에 취한 장관을 집에 업고 가기도 하고, 바쁜 일정 탓에 끼니를 제대로 챙겨 먹지 못한 적도 많았다고 한다. 그러기에 누구보다도 수행비서의 애환에 대한 이해도가 높았던 장관이었다고 한다.

당시 함께 일했던 비서들끼리 '전국가방모치(かばん持ち)연합회(전가협)'이란 모임을 결성하여 지금도 활동을 하고 있다고 하며 물론 그 안에는 고위 공무원은 물론 기업 최고경영자(CEO)들도 다수 배출했다고 한다.

문재인 대통령 취임 이후 7급 비고시 출신으로 1급 청와대 총무비서관에 임명된 이정도 청와대 총무비서관도 관가의 유명한 비서 출신이다. 청와대의 재정을 총괄하는 자리에 있는 그는 최근 폭발적인 인기를 끌고 있는 문재인 대통령 기념 시계의 출납도 담당하고 있는데, 내·외부로 시계를 달라고 하는 사람이 많자 아예 청와대 초청 손님들에게만 시계를 지급한다는 '기념품 및 답례품 운영·관리 방안'이라는 내규까지 만들었다고 한다.

청와대 새 직원들에게 청와대 곳곳을 소개하는 행사를 가진 문 대통령에게 신입 직원들이 '문재인 시계'를 받고 싶다고 말하자 대통령 자신도 아직 못받았다고 말하기도 했다. 이후 청와대 내부 직원에게는 '직원의 생일'일 경우에만 선물로 지급하기로 했다고 한다. 문재인 대통령도 청와대 소속 공무원인 만큼 생일인 1월 24 일, 64번째 생일을 맞아서야 '문재인 시계'를 처음으로 받았다고 할 정도로 그는 원칙을 지키기로 유명하다.

그는 지방대 비고시 7급 출신으로 기재부 차관실 및 장관실 비 서관, 인사과장, 행정예산심의관(국장)을 역임했다. 기재부 내부에 서도 그의 이름을 따서 '이정도는 일해야 한다.'는 유행어가 전해 진다고도 한다. 그를 잘 아는 사람들은 그를 '관가 전설의 비서'라 부르는 것을 주저하지 않는데 리더가 원하는 바를 정확하고도 깔 끔하게 그리고 조용하게 처리하는 것이 특징이라고 한다.

그가 더 유명해진 것은 '변양균 수첩 사건' 때이다. 당시 이 비 서관은 변양균 당시 기획예산처 장관의 비서관이었다. 신정아 스 캔들로 법정에 선 변 장관은 뇌물 수수 혐의도 함께 받았지만 이 비서관의 수첩 때문에 이 부분은 무죄 판결을 받았다. 그런데 수 첩에는 장관의 모든 일정과 지시사항이 빼곡하게 적혀 돈을 건넸다고 주장한 사람과 전혀 다른 일정이 있었고 이를 증거로 제시해 뇌물 수수 혐의를 벗었다고 한다. 얼마나 꼼꼼하게 적혀있었는지 법원과 검찰도 반박을 못할 완벽한 일정관리였다고 혀를 내두를 정도였다는 것이다.

PREMIUM
TIP

유능한 비서는 책을 통해 탐구하고, 정보를 파악하며 전문가들의 의견을 수렴하여 완전히 숙지한 후에야 리더에게 피드백 한다고 한다. 하지만 그것도 빠른 시간 내에 말이다. 관가 전설의 비서들처럼 사소한 일에도 꼼꼼히 그리고 정확하게 처리하는 연습을 해보자. 언제 어디서, 어느 자리이건 큰 도움이 될 것이다.

07

겸손함은 비서의 최고 무기
비서의 행동이 리더십으로 연결

누구나 일을 시작하기 전에는 간절함이 있겠지만, 시작하고 나서 어느 정도 일이 익숙해지는 때부터는 모든 일을 다 알고 잘 하는 것 같은 '착각'에 빠진다. 우리는 멈춰 있는 세상이 아닌 계속 변화하는 세상에 살고 있다. 시간도 흐르고 세상도 변하는 것이다. 그 흐름에 맞추어서 성장하지 못하면 익숙함에 자신도 모르게 도태되고 말 것은 자명하다.

그런데 종종 자기가 가지고 있는 지식이 전부인 것처럼 의기양양하는 사람을 만날 때가 있다. 그것은 스스로의 입지를 줄이는 것과 같은 행위다. 사람은 늘 겸손해야 한다. 특히 비서는 더욱 그렇다. 인정받는 비서들을 보면 백이면 백 겸손이 몸에 배어 있다. 비서를 거쳐 조직의 관리자로 성장을 하는 그들에게는 늘 좋은 평들이 따라 다닌다.

비서에게 있어서 최고의 무기는 배우는 자세와 겸손이다. 그것은 리더도 마찬가지다. 독일의 메르켈 총리를 일컫는 말은 다양하다. 대표적으로는 '세계에서 가장 영향력 있는 여성 1위(2016.6 포브스지)', '서방 세계에서 신뢰할 만한 마지막 정치 지도자(2016.11 뉴욕타임스)', '2015 올해의 인물, 자유세계의 총리(2015.12 타임지)' 등이 있다.

어마어마한 찬사가 아닐 수 없다. 이런 메르켈 총리는 지난 2016년 12월 독일의 집권당인 기독민주당(CDU) 전당대회에서 당 대표로 재선출됐다. 당 대의원들이 그에게 보낸 지지는 무려 89.5%. 그야말로 절대적인 지지였다. 그리고 여세를 몰아 2017년 9월 총리 4선 연임에 성공했다. 이로써 메르켈은 16년 간 총리직을 수행하는 대기록을 세우게 된다.

메르켈 총리는 통일 전 동독에서 자란 첫 번째 총리이기도 하다. 개신교 목사였던 아버지 밑에서 자란 동독 출신의 가난했던 물리학자가 독일 최고의 지도자로 변신한 비결은 무엇일까. 정치에 입문한 지난 24년 동안 단 한 차례의 스캔들이나 부패 사건에 연루된 적이 없다. 친인척 비리도 없다. 무엇보다 겸손하고 청렴하다. 그는 총리 관저 대신 평범한 개인 아파트에서 월세를 내며 살고 있다. 늘 수수하고 친근한 모습으로 국민들과 함께 한다.

"옷차림도 검소하고 헤어스타일도 늘 똑같습니다, 부를 과시하지도 않죠. 원래 사치를 하지 않는 분이라 뇌물로 매수할 수 없는 사람입니다(빌프/RTL TV 기자)."

"메르켈 총리는 국민들의 존경을 받고 인기도 있습니다. 또 청렴하고 겸손합니다(바그샬/대학교수)."

'타임'지는 메르켈에 대해 '카리스마 없이도 얼마든지 훌륭한 리더가 될 수 있는 지도자 가운데 한 명'이라고 평가한다. 그리고 그 리더십의 요체는 소통과 경청, 겸손함을 꼽는다. 실제로 메르켈 총리는 흔히 엄마라는 뜻의 '무티'라고 불린다. 엄마처럼 상대의 이야기를 경청해주고 부드럽게 소통해서 붙여진 별명이다.

겸손이란 남을 높이고 자신을 낮추는 것을 말한다. 강한 사람은 겸손해질 수도 있고 거만해질 수도 있다. 강한 사람이 자신을 낮추는 것은 겸손이고 자신을 높이는 것은 거만이다. 약한 사람은 겸손해질 수 없다. 자신을 낮출 수 없기 때문이다. 약한 사람이 자신을 낮추는 것은 비굴이고, 자신을 높이는 것은 허풍이다.

비서가 되는 순간 리더가 가지고 있는 힘과 명성의 영향권에 들어가게 된다. 그것은 일반인들이 쉽사리 가질 수 없는 것이다. 또한 실제로도 그 영향력을 행사할 수도 있다. 그러나 행사하는 순간 비서로서는 실격이다. 비서의 근간은 겸손이다. 리더를 모심에 있어 겸손하고 리더를 만나는 사람에게 있어 겸손해야 한다. 한발

물러나 들으려는 자세를 가져야 하고, 들으면서 공감할 줄 알아야
한다.

겸손은 강한 사람이 가질 수 있는 것

겸손(Humble)의 어원은 흙, 땅, 먼지를 의미하는 라틴어 후무
스(Humus)에서 유래한다. 성공도 겸손과 마찬가지로 어원학적
뿌리 역시 흙으로 거슬러 올라간다. 성공(success)은 뚫고 나온
다는 의미의 라틴어 수케데레(succedere)에서 파생되었다. 중간
부분인 케데(cede)는 씨앗(seed)의 어원이다. 결국 겸손과 성공의
뿌리는 가장 낮은 곳에 있는 흙, 그리고 그 속에서 함께 성장하는
씨앗에서 나왔다는 것이다.

현대를 흔히 자기 PR시대라고들 한다. 소셜네트워크서비스
(SNS)의 발전으로 휴가가서 한 일, 상을 받은 일, 아이가 태어난
일 등 내가 주인공인 일상의 소식들이 타인의 타임라인에 등장한
다. 또 그래서인지 겸손보다는 자신이 갖고 있는 능력을 교묘히(?)
사람들에게 알리기도 한다. 한술 더 떠 스스로 자신에 대해 마케
팅을 제대로 하지 못하면 바보 취급까지 받는다. 아무리 능력을
갖고 있어도 스스로 제대로 된 포지션과 마케팅을 하지 못하면
아무도 인정하지 않는 시대가 된 것이다.

그러나 인류대대로 위대한 철학자와 위인들은 말한다. '우리 자

신은 부족한 존재라 자신의 결점을 인식하고 약점을 극복하려는 노력을 해야 한다'고 말이다. 이를 위해서는 겸손할 수밖에 없다. 사람들은 너도 나도 서로 자신의 멋짐과 지식을 뽐내기에 바쁘다. 하지만 진정한 지적 겸손은 자신 스스로를 멀리서 바라보며 객관적으로 바라보는 것이다. 이를 통해 자신이 알지 못하는 것을 인식하고 자신의 무지, 불확실성, 한계에 대처하는 것이 진정한 지혜다.

겸손은 이런 지혜를 갖게 하는 아주 중요한 토대다. 비서에서 출발해 성공한 CEO가 된 사람들의 이야기를 보면 그들이 가진 겸손함이 글에서도 절절하게 느껴진다. 항상 두 손을 모으고 상대에게 눈을 맞추며 상대의 이야기가 끝날 때까지 자신의 말을 꺼내지 않는다. 그리고 자신을 낮춰 이야기한다. 칭찬에도 쉽게 환호하지 않고, 비난에도 얼굴 붉히지 않는다. 강하기 때문에 가능하다. 사실 겸손은 강한 사람이 가질 수 있는 것이다.

스스로 강함을 인지하고 그 강함을 정의롭게 사용하고자 할 때 겸손이 나온다. 비서는 노력을 많이 하는 직종이다. 끊임없이 변화하는 세상에 발맞춰 리더를 모심에 있어 다양성을 공부하고 또 그것을 적용시킨다. 그러다 보니 자신의 능력을 과신하는 경향도 있다. 하지만 자신감과 자만심은 종이 한장 차이임을 늘 명심해야 한다.

겸손한 비서는 리더에게도 아주 큰 힘이 된다. 비서의 행동이 리더십으로 연결되기 때문이다. 주의할 것은 표면적인 겸손이다. 많은 사람들 앞에서는 겸손한 척 하지만 가까운 사람에게는 그렇지 못한 사람도 있다. 결국은 그런 이율배반적인 행동은 퍼지게 마련이다. 비서가 되려고 마음먹었다면 겸손은 필수다. 왜냐면 그것은 비서를 성장시키는데 가장 강력한 무기이기 때문이다.

CHAPTER 4

리더의 시간을 가치 있게,
핵심 업무기술 8가지

01

기록, 다시 한 번 기록
비서의 글쓰기는 일정과 기록

비서는 글을 많이 쓰는 직업이다. 물론 조금의 차이는 있다. 일반 회사원들이 보고서나 기획서를 많이 다룬다면, 비서들의 글쓰기는 일정과 기록의 의미에 가깝다. 비서를 하면서 가장 자주 느끼는 점은 인간의 기억이란 한계가 있다는 것이다. 들을 때는 분명히 기억할 것 같지만 뒤돌아서면 잊어버리는 경우가 허다하다.

하물며 현장에서 분초를 다투는 일을 하는 비서들의 경우 기억해야 할 것이 좀 많겠나. 중요한 일정부터, 리더가 지시한 사항, 외부에서 들어오는 연락 등은 기본이고 앞으로 가야 할 장소에 대한 사전 지식, 지금 하고 있는 스케줄과 연결된 며칠 뒤에 연관 스케줄, 때에 따라서는 리더의 개인적인 상태나 상황까지.

비서가 기억하고 또 알아둬야 할 것은 하루에도 수십 가지다. 비서를 꿈꾸는 사람들이 있다면 메모를 습관화하는 것이 좋다. 요즘은 휴대폰으로도 입력하기는 하지만, 수첩에 쓰는 것보다 더 빨리 다룰 수 없다면 그냥 고전적인 메모를 하는 것이 가장 속 편하다. 까먹는 것보다 더 무서운 것은 메모하지 않아 리더가 했던 말의 의미를 잘못 파악하였을 때다. 대략의 의미를 알 거 같아 '알겠습니다.'라고 말하고 담당 부서에 전달하였는데, 잘못 전달로 인하여 의도치 않은 상황과 결과를 초래하는 경우도 있다.

특히나 비서들이 잊지 말아야 할 것이 리더의 일정이다. 나도 일정과 관련해서는 일종의 강박관념이 있다. 그래서 그날의 일정을 A4 1장으로 뽑아 정장 오른쪽 안주머니에 넣고 다니는 것이 습관화되었다. 물론 머릿속에 그날의 일정을 시간별로 숙지하는 것은 당연한 일이다. 그럼에도 불구하고 일정표를 들고 다니는 것이다. 일정표를 활용하는 방법도 조금 차이가 있는데 나의 경우 출근길에 1장으로 뽑은 일정표 빈 칸에 오늘 할 일들을 다시 한 번 정리해보고, 챙겨야 하는 것들을 따로 기록한다.

또 중간 중간에 지시사항, 민원사항, 처리해야 하는 것들을 적어 놓는다. 처리가 끝난 사항은 하나씩 지우고 처리되지 못한 사항은 다음날의 일정표에 옮겨 적는다. 그리고 끝날 때까지 그 일을 반복한다. 이것은 이제 완전한 습관화가 되어 거의 버릇처럼 하게 되는 행위다. 이외에도 왼쪽 편 정장 주머니에는 항상 얇은 수첩을 넣고 다닌다. 이 수첩에는 리더가 해주는 인생에 도움이 되는 말이나 나에게 필요가 될 만한 내용들을 적어 놓는다. 일정과는 다른 대화의 메모라고나 할까.

비서실이 큰 조직에서는 일정 비서가 따로 있어 리더의 일정을 담당하며, 비서실 조직이 작은 기초자치단체에서는 대부분 수행 비서가 리더의 일정까지 관리한다. 일정표의 경우는 매우 세분화해서 기억해야 한다. 기본적으로 월간, 주간, 일일로 나눈다.

월간 일정표   연간 리더가 꼭 참석해야 하는 3·1절, 8·15 기념식, 도민의 날 등을 먼저 기록하고 월간 일정표를 작성한다. 월간 일정표를 작성할 때는 다음 달의 정기적인 일정 및 주요 행사를 파악하여 리더나, 상사인 비서실장, 비서관과 의논해 작성한다. 중요한 것은 행사의 경중, 리더가 반드시 참석해야 하는지, 관례적으로 부단체장, 국장, 과장 등이 리더 대신 참석해 왔는지를 미리 파악한다.

일정에 관한 사전 정보를 한 눈에 볼 수 있게 기록하는 것 또한 필수다. 사전 정보가 없는 일정은 같은 시간에 들어온 일정들에 의해 자칫 소홀하게 취급될 수도 있고, 잊어버릴 수도 있기 때문이다. 무엇보다 월간 일정표는 리더가 업무 흐름을 한 눈에 볼 수 있도록 해주는 유용한 업무 도구이기에 비서의 가장 기본적인 업무 중 하나다.

주간 일정표　다음 주의 일정을 확인해 행사의 구체적인 시간, 장소, 참석자, 면담자 등에 대한 정보를 기재해야 한다. 월간보다 훨씬 더 세밀해야 하는 일정표다. 일정이라는 것은 들어온 순서대로 기록해놓지만 대부분 한주가 끝나는 금요일 오후에는 다음주 리더의 일정에 관해서 회의를 하며 의견을 나누기도 한다. 또 일정표가 완성된 후에도 교차 체크 등을 통해 수정하거나 변경할 사항이 있는지 확인한다.

일일 일정표　가장 중요한 일정표다. 매일 아침마다 상세하게 기록된 내일의 일일 일정표를 작성하고 관련된 자료를 준비한다. 일일 일정표는 리더의 실제 스케줄이기 때문에 착오가 없도록 꼼꼼히 확인하는 것이 중요하다. 또 전날에는 일일 일정표와 상세한 관련 자료들을 리더에게 직접 상세히 보고하여 리더가 행사 등을 준비하고 자신의 시간을 합리적으로 운용할 수 있도록 한다.

수시 메모　일정과 관련해서도 수시로 메모를 한다. 기본적으로 어떤 일정이든 변화는 항상 있다. 연락이 오면 변화된 상황을 확실히 파악하고 이를 메모해 리더에게 적절한 타이밍에 알려야 한다. 변동가능성이 예견되는데 정보가 들어오는 대로 자꾸 보고하면 리더가 자칫 헷갈릴 수도 있다. 적재적소의 타이밍에 보고하는 것이 관건이다. 또 변경에 따른 리더의 지시사항 역시 메모해놓는 것을 잊어선 안 된다.

비서는 기억해야 할 것이 많다

이외에도 메모가 필요한 부분이 바로 리더의 지시사항을 정리할 때다. 리더의 지시사항은 언제 어느 때 나올지 알 수 없다. 일단 무조건 메모해야 한다.

차량에는 항시 메모지, 포스트잇을 준비하여 수시로 대비한다. 대면하는 경우는 오히려 괜찮지만 전화나 메시지로 지시를 할 경우에는 정확하게 한 번 더 내용을 확인한다. 여기에 지시사항의 이행 기한과 보안 유지 여부도 체크한다. 만약 지시 내용을 끝까지 들었는데, 애매한 부분이 있다면 즉시 물어본다.

이렇게 메모된 지시사항은 곧 순위를 매겨 다시 정리한다. 지금 당장 할 일과 그 다음 할 일, 연관된 일, 개별적으로 할 일 등으로 분류하는 것이다. 기본적으로는 무슨 일부터 해야 하는지 고민될 때는 긴급한 업무를 먼저 하고 기한이 남아 있는 업무는 계획을 세워 처리하도록 하는 것이 좋다. 이외에도 리더가 다른 간부에게 지시해야 할 내용을 비서에게 전달을 요청할 경우, 전후 맥락과 상황, 리더의 의중을 소상히 파악하여 전달된 과정에서 왜곡이 없도록 한다.

PREMIUM
TIP

무엇보다 명심해야 할 것은 비서는 기억해야 할 것이 많다는 점이다. 기억력이 아무리 좋다 해도, 메모만큼 든든한 것은 없다. 비서가 되겠다고 목표를 잡았다면, 일단 쓰는 일에 익숙해져야 한다. 매우 많이 쓰게 될 테니 말이다.

02

매너, 코리안 매너, 글로벌 매너
비서의 얼굴이 곧 리더의 얼굴

비서 매너의 출발점은 바른 옷차림이다. 특히나 조직이 크고 국제교류에 활발한 조직의 경우에는 해외 출장도 잦은 편이며 국내뿐 아니라 외국 손님들도 많이 만나게 된다. 자연스럽게 외국인을 대하는 매너도 겸비해야 한다.

일단 국내부터 이야기하자면, 수행 비서는 성별을 막론하고 정장을 입는 것이 원칙이다. 상황에 따라 좀 프리한 복장을 입기도 하지만, 말 그대로 그런 상황일 때만 그런 것이다. 헤어스타일도 될 수 있으면 요란한 스타일이나 눈에 띄는 스타일은 자제한다.

단정한 느낌을 주는 것이 가장 좋다.

여기에 겸손과 친절함이 가미돼야 한다. 나 역시 비서란 업무를 맡고 도지사비서실이 써져 있는 명함을 받자마자 나도 모르게 친절함, 겸손함이 장착된 듯한 느낌을 받았다. 단순한 수행 비서지만 밖에 나가게 되면 그렇게 비춰지지 않기 때문이다.

나의 얼굴이 곧 리더의 얼굴, 또 내 조직의 얼굴이 될 수 있다는 생각이 들면서 시키지 않아도 누구보다도 낮은 겸손한 자세, 어떤 사람들의 이야기라도 잘 경청하는 자세, 만나는 사람들을 편하게 해주는 태도 등의 중요함이 자연스럽게 느껴지게 된다. 비단 나뿐만 아니라 다른 어떤 비서도 마찬가지일 것이다.

특히나 공직 비서의 경우 리더를 잘 모르거나 처음 만나게 되는 사람들은 리더가 다소 높아 보이고 어려워 보일 수 있다. 이럴 때 지근거리에 보좌하는 비서가 먼저 다가가 인사하며 미소를 지으면 분위기가 한층 부드러워지고 좋은 대화로 이어질 수 있다.

겸손이 몸에 배다 보니 웃지못할 에피소드도 있다. 행사 후 리더들을 모시는 수행 비서 5명과 함께 엘리베이터를 같이 탄 적이 있는데 서로 먼저 타시라고 권하는 바람에 한동안 아무도 타지 못해 엘리베이터를 놓칠 뻔했다. 항상 늦게 타는 것이 몸에 배었기 때문이다.

우리 도와 자매결연 지역인 일본 이시카와현을 방문했을 때였다. 서로 자기소개를 하는 순간에 우리는 당연한 듯이 한국어로 인사를 했는데 이시카와현 측에서는 미리 준비된 한국어로 우리에게 환영 인사를 해주는 게 아닌가. 더욱이 이들은 우리 지역에 대한 공부를 많이 한 상황이어서 대화가 참 즐겁게 진행되었던 기억이 있다. 나중에 알게 된 사실이지만 이시카와현 측은 우리 방문을 위해 관계자 모두가 한 달간 한국어를 공부했다고 한다.

이 이야기를 듣자 많은 반성이 됐다. 나 역시 이후로는 해외에 나가게 될 경우에는 그 나라 고유의 인사어, 우리와 자매결연 혹은 우호교류 지역의 현안, 특징, 자랑할 만한 것들을 꼭 숙지하고 나간다. 그래서 부족하지만 그들의 방식으로 그들에게 인사를 한다. 별것 아닌 듯하지만, 이런 작은 행동 하나가 내가 모시는 리더의 가치를 올려주는 행위로 연결되는 경우가 많다.

이것은 추후에는 국내에서도 적용되어 리더가 누구를 만나시는 경우에 그분의 인적사항, 요즘 관심사항, 만약 책을 저술하였으면 책 내용, 혼사, 애사 등을 미리 파악하여 말씀드리는 습관이 들었다.

또 다른 매너로는 해외 출장을 가게 되면 우리 지역의 이름과 로고 글자가 찍힌 지우개, 부채, 연필, 배지 등을 많이 가져가려고 한다. 아주 사소한 것들이지만 효과는 크다. 자연스럽게 우리 지역의 홍보도 가능하고, 우리가 보기엔 별것 아닌 것도 그들 입장에서는 기념이 될 수 있기 때문이다.

국내에서도 마찬가지지만 해외에서의 미팅은 시간 엄수가 중요하다. 선진국일수록 특히 시간을 어기지 않으려고 노력한다. 특히 시간 관리가 엄격하기로 유명한 일본의 경우는 교통체증까지 고려해서 한 시간 이상 먼저 와서 준비한다고도 한다.

예전에 아프리카 모 나라를 방문할 일이 있었는데, 예정된 일정 3시간 후에 행사를 시작하기도 하고 주최하는 곳 리더의 말 한마디에 계획된 스케줄 이외 여러 가지 내용들이 추가되고 또 빠지기도 하는 것을 보면서 당황한 적이 있었다. 약속 시간만 잘 지켜도 국가의 이미지를 훼손하는 큰 결례를 범하는 행동은 피하는 셈이다.

한 가지 더 팁을 주자면, 간혹 리더들 중에 해외에서 대학을 나오거나 거주한 적이 있어 영어를 꽤 잘하는 분이 많다. 그럼에도 통역자는 꼭 옆에 두는 것이 좋다. 아무리 영어를 잘한다 하더라도 중요한 협약을 체결하거나 세부적인 교류 조건 및 내용에 관한 것들은 실수할 여지가 있고 특히 전문적인 분야는 용어를 놓칠 수 있는 가능성도 있다. 아울러 전략적으로 통역자가 리더의 말을 받아서 상대방에게 통역을 해줄 때 리더는 생각할 수 있는 시간을 벌 수 있다. 그 시간 안에 즉석으로 좋은 생각을 떠올릴 수도 있다.

재미있는 일화도 있다. 미국 워싱턴 주에 공식 방문을 했는데 미국은 주 경찰이 있어서 2명의 경찰이 일주일간 우리 리더를 모신 적이 있다. 그들은 나에게 이렇게 물었다.

"당신들의 경호원은 몇 명이냐?"

그래서 나는 "나 하나"라고 당당히 답했다. 그랬더니 경찰들이 나를 동양의 무술 고수로 착각한 적이 있었다. 그래서 "이곳에도 동양의 무술이 유명하고, 태권도도 유명하다."는 말과 함께 매우 친절하게 대한 적이 있었다. 딱히 무술 고수인 척 하지는 않았지만 구태여 부인할 필요도 없어서 적절히 친절하게 맞대응을 했더니 헤어질 때 우정의 상징인 워싱턴 주 경찰 휘장을 선물로 주었던 기억이 있다.

PREMIUM
TIP

외국에 나가서는 꼭 '우리 리더 우선'이라는 생각을 버리고 그들의 문화에 맞춰 행동하는 것이 좋다. 서양에서는 여성을 먼저 배려하는 문화는 물론이고, VIP들도 똑같이 줄서서 음식을 구매하고 먹는다. 나서서 해주려다가는 오히려 리더의 매너를 깎을 수 있으니 상황에 맞춰 그들의 문화를 존중하는 제스처를 보여야 한다.

03

트렌드에도 민감해라
리더에게 시대의 흐름을 전달해줘야

우리가 살고 있는 21세기는 복잡한 시대다. 인류 역사상 가장 빠른 시간에 가장 많은 것들이 변한 20세기에 뿌리를 두고 인공지능과 로봇에까지 과학의 기치를 올리고 있다. 이제 디지털이란 말은 일상어가 되다 못해 식상하다. 트렌드도 날마다 달라진다.

얼마 전까지는 가상화폐가 확 뜨더니 지금은 5G라는 단어가 뜬다. 눈만 뜨면 이곳저곳에서 새로운 기술과 단어가 쏟아져 나온다. 일반 시민도 피곤하지만, 리더들은 더욱 피곤하다. 소통이 우선시되는 21세기 리더십의 근간에는 시대적 변화에 따른 적응도 리더의 가치평가 기준의 하나가 되기 때문이다.

산업혁명의 시대는 0과 1에서 출발했지만 우리가 사는 세상은 0과 1을 넘어섰다. 디지털은 손목시계로까지 진입했고 이제는 가상공간으로 뻗어나간다. 먼 미래 기술인 것 같았던 인공지능은 어느새 우리 가까이 다가오고 4차 산업혁명은 여명처럼 거대한 눈을 뜨려 한다. 산업혁명 이전에는 손발이 일했고, 1차 산업혁명 이후는 증기에너지의 기계설비가, 2차 산업혁명 이후는 전기에너지의 대량생산 설비가, 3차 산업혁명 이후는 컴퓨터와 자동화 시스템이 시대의 변혁과 문명을 이끌었다.

4차 산업혁명 시대를 맞고 있는 현재는 인공지능과 정보통신기술(ICT)의 융합으로 실재와 가상을 통합하여 사물들을 자동·지능적으로 제어하는 가상물리(Cyber Physical) 시스템 구조의 세계다. 미디어는 또 어떠한가. 절대강자였던 신문과 TV가 작은 스마트폰 속의 활자와 영상에 밀리기 시작했다. SNS와 유튜브라는 새로운 플랫폼은 새로운 문화를 창출하고 또 선도한다.

한 가지 예를 들어보면 한 경찰 공무원 시험 수험생이 있다. 매일 7시간씩 공부한다. 이를 핸드폰으로 찍어서 사람들에게 보여준다. 이게 전부이다. 이 유튜브 방송을 보는 사람은 무려 30여만 명. 아무것도 안 하고 공부만 하는데, 팬클럽까지 생겼다. 이뿐만이 아니다. 요즘 학생들은 모르는 문제를 참고서 대신 인터넷 포털 사이트에서 답을 찾는다. 우리가 아는 패러다임이 변하고 있다.

소비 트렌드도 매년 바뀐다. 얼마 전까지만 해도 힐링이나 욜로(인생은 한번 뿐이다. 즐기자)족이 인기를 끌었다면 지금은 '가심비', '소확행' 시대이다. 가심비는 가격대비 심리적 만족도를 의미하며, 소확행은 일상에서 느낄 수 있는 작지만 확실하게 실현 가능한 행복이다. 이전 세대에서 가격대비 효율을 중시하며 개인의 취향보다는 경제적인 상황을 고려하던 기존의 가성비 기조가 바뀐 것이다.

비서들은 이런 트렌드에 눈과 귀를 기울여야 한다. 시대가 어느 방향으로 흘러가는지, 또 그 방향을 끌고 있는 것이 무엇인지를 고민해야 한다. 이유는 간단하다. 리더에게 시대의 흐름을 전달해줘야 하기 때문이다. 젊은 사람들도 따라가기 벅찰 만큼 빠르게 변하는 세상에서 리더들이 뒤처지게 놔두는 것은 비서가 할 일이 아니다. 그렇다고 일일이 모든 것을 설명할 수는 없다. 적어도 최신 트렌드와 리더의 궁금증을 해소할 정도의 수준만 갖추면 된다.

나도 시간이 날 때 독서를 하지만, 그나마도 여의치 않을 때는 인터넷 검색을 수시로 한다. 지금 현재 대한민국을 관통하고 있는 시대의 '화두'가 무엇인지를 파악하기 위해서이다. 새로운 정책이 발표됐다면 관계 법령의 근거와 관련된 뉴스를 찾아본다. 단순히 흐름만 파악해서도 안 된다. 무엇보다 개념을 명확히 알아야 한다. 새로운 트렌드에 대한 개념을 하나하나 곱씹어 보고, 그것이 우리의 일상에 어떤 영향을 줄지까지 파악해야 그것을 알았다고 할 수 있다.

내가 모시는 리더는 '정책성공과 실패의 대위법'이란 박사 학술 논문을 쓴 적도 있기 때문에(한국정책학회 학술상 수상), 정책 성공과 실패의 차이에 관해 규명하는데 많은 관심을 보인다. 특히 정책 실패, 정책 기획 단계에서의 오차, 실제 실행 단계에서의 오차 등을 줄이는 것에 관심이 많은 것이다. 나 역시 그 분야에 관심을 두고 새로운 방법이나 학설 등이 검색되면 꼭 읽어본다. 만약 내가 보아서 괜찮은 정보라고 판단되면 리더에게 카톡으로 보내기도 한다.

또 내용이 잘 드러날 수 있는 사이트 링크 주소, 언론 뉴스 등도 링크를 걸어 보고 드린다. 물론 리더는 웬만한 사안에 대해서는 나보다 깊이 알고 있기 때문에 전문적인 분야까지는 보고 드리지 않지만 관심 있어 하는 분야에 대한 최신 트렌드나, 흥미롭게 보이는 사례, 타 시도의 좋은 정책 사례 등은 스마트폰을 통해 보고 드리고 있다.

우리가 살고 있는 세상은 여러 가지 변화가 동시다발적으로 일어나는 곳이다. 모든 변화에 대해 날카로운 더듬이를 가진다면 좋겠지만, 적어도 리더의 관심분야 정도는 비서 역시 관심을 두어야 한다. 나아가 시대를 관통하는 트렌드에 대한 접근도 항상 해야 한다. 결국 리더 역시 이 사회를 살아가고 움직이는 동력이기 때문에 트렌드를 완전히 외면할 수는 없다.

더욱이 지금 시대는 끊임없는 트렌드 개발이 마치 인류의 가장 큰 목적인 것처럼 여겨지는 사회이다. 우리가 가졌던 절대가치의 기준들마저 변하는 세상, 비서들이야말로 이런 세상에서 예민한 감각을 훈련하고 또 받아들여야 한다.

한 분야만 잘해서는 살아 남을 수 없는 융합의 시대이다. 인문학적 가치와 IT가 만나는 시대에서 비서들이 해야 할 일은 너무나 많다. 다만 한 가지 조언하자면, 트렌드에 민감하되 철학을 가지고 민감하라는 것이다. 철학이 없이 트렌드를 쫓다 보면 종래에는 왜 이것을 쫓아야 하는지에 대한 목적마저 잃어버릴 수 있다.

PREMIUM
TIP

빠르게 변화하는 시대, 트렌드에 민첩하게 반응하라. 세상을 바라보는 시각과 대응능력에 따라 그 조직의 명운이 달라진다. 조직의 명운을 결정하는 것은 어찌됐던 리더가 가장 지분을 많이 차지하고 있으니까 말이다.

04

비서의 비(秘)자를 유지하는 법
해서는 안 될 말은 죽어도 하지 않는다

비서는 비밀을 지키는 사람이다. 말 그대로 직업의 태동과 비밀 엄수는 한 몸이다. 일을 못하는 비서는 있을 수 있어도 말을 옮기는 비서는 있을 수 없다. 그만큼 비서에게 있어 비밀 유지는 목숨과도 같다.

"우리들(비서)은 말야. 입이 무거워야 해. 왜냐하면 우리가 말을 하는 순간 그것은 우리들의 생각이 아니라, 우리들이 모시는 리더의 생각이 될 수 있거든. 그게 조직에서는 얼마나 큰 의미로 다가오는지 경험해보지 않은 사람은 몰라."

비서 초임 시절 타 지역 비서 선배에게 들은 조언이다. 사실 비밀을 지킨다는 것은 비서가 아니어도 꼭 해야 하는 습관이다. 우리가 살면서 누군가에게 속을 털어놓지 않는다면, 그것은 주변에서 비밀을 지켜줄 수 있는 사람이 없다는 뜻과 같다. 많은 사람들은 타인의 비밀을 오래 간직하지 못한다. 비밀이라고 생각되는 순간 누군가에게 털어놓고 싶어지기 때문이다. 이는 '비밀=중요정보=중요한 것을 내가 알고 있다.'는 공식 때문이다. 특히나 비밀이 은밀한 것일수록 털어놓고 싶은 욕망은 더욱 강해진다.

이렇기에 '당신만 알고 있어.'라는 말은 곧 '이것을 꼭 말해주길 바란다.'라는 뜻과 같다. 비밀을 털어놓게 되는 또다른 이유는 긴장감이 풀려서다. 비밀을 처음 들었을 때는 누구나 다 긴장하게 된다. 그리고 입을 다문다. 문제는 시간이다. 시간이 지나면서 애초에 들었던 비밀의 가치가 점점 엷어지고, 종래에는 비밀인지 아닌지 헷갈리다가 결국은 일반 사실처럼 대수롭지 않게 자신도 모르게 말해버리는 것이다.

당연한 말이지만 비밀은 발설되는 순간 그 가치를 잃어버린다. 그것은 달리 말해 내 가치도 잃어버리게 되는 것이다. 비밀이 비밀로서 가치를 발휘하려면 입을 다물어야 한다. 그리고 입을 다물고 있는 동안에는 나의 가치도 비밀만큼이나 상승하게 된다. 한 가지 많이 헷갈리는 것이 비밀 엄수와 침묵을 동일하게 생각한다는 점이다. 침묵이 비서의 전부인 것처럼 여겨지는 시대는 지났다.

일부러 수다스러울 필요는 없지만, 적절한 화술과 유머는 비서의 필수 스킬이다. 비밀을 안다고 해서 무조건 침묵을 지킬 필요는 없다는 것이다.

다만 '해서는 안 될 말은 죽어도 하지 않는다.'는 원칙만 지키면 된다. 그럼에도 비서에게서 정보를 캐내려는 사람들은 많다. 조직은 항상 리더의 의중을 파악하는데 신경을 쓴다. 특히나 고위 간부들이라면 더하다. 공무원들은 승진이나 인사이동에 매우 민감한 직종 중 하나이다. 그래서 인사철이 되면 정보를 수집하려는 경향이 있다. 이런 경우에 비서들에게 어떤 정보를 물어보는 경향도 있다. 난감해하지 마라. 당연한 현상이다. 다만 말하지 말아야 할 것은 절대 말하지만 않으면 된다.

개인적으로 비밀을 지키는 가장 좋은 방법은 '아예 듣지 않는 것'이다. 알지 못하면 말하게 되는 것도 없으니까 말이다. 어쩔 수 없이 듣게 되었으면 기억하지 않으려고 노력한다. 그럼에도 기억이 날 경우 그것에 대해 생각하려 하지 않으려고 한다.

그리고 알게 된 사실의 경우는 당연한 말이지만 가족, 친지, 친구 등을 포함 조직 외적인 사람들까지 포함하여 그 누구에게도 말하지 않는다. 비밀이란 내 입에서 나온 후에는 더 이상 비밀이 아니기 때문이다. 이도저도 안 된다면 선의의 거짓말을 해라. 비서에게 있어 리더를 위한 다소 선의의 거짓말은 필수이다. 당신이 모르는 것을 내가 알 수가 없다는 것을 강하게 인지시켜라.

예를 들어 "저한테도 정말 안 알려주시네요."라거나 "인사가 난 후에 저희도 알아요. 등잔 밑이 어둡잖아요." 등이 그런 것이다. 이런 정도로 너스레를 떨면서 웃으며 넘어가면 더 이상 물어보지 않는 경우가 많다. 한 가지 더 추가한다면 '비밀을 말하지 않는 것' 만큼이나 비서에게 중요한 것은 '험담하지 않는 것'이다. 굳이 비서가 아니더라도 험담은 사회생활에서 하등의 도움이 될 것이 없는 행동이다. 그 중에서도 비서의 경우 모시는 리더에 대한 험담은 자살행위와 마찬가지다.

PREMIUM
TIP

결국 험담은 최종적으로 비난의 대상자 한 사람만 잃는 게 아니라 내 자신을 포함한 모두를 잃게 되는 법이다. 유능한 비서라면 이런 무모하고도 위험한 행위를 할 리도 없지만, 들으려고도 하지 마라. 자신도 모르게 동조할 가능성이 있기 때문이다.

05

문 열어주는 비서보다
조언 가능한 비서

비서는 리더 뒤의 안테나

과거에는 비서가 모시는 사람의 잡다한 수발을 들어주는 사람처럼 인식됐다. 물론 현대에서도 일부 재벌들의 비서들은 그런 역할을 하고 있는 것 같기는 하다. 하지만 공직 비서들은 그렇지 않다. 이들은 비서이면서도 동시에 공무원이다. 이들이 하는 비서 업무는 단체장들의 일정을 수행하면서 그들이 해당 지역의 발전을 위해 바른 결정을 내릴 수 있도록 지원해주는 역할을 한다.

공직 비서뿐만 아니다. 현대 조직에서 관리자를 보좌하는 비서는 조직 운영에 영향을 미치는 사회의 여러 가지 변화의 흐름을 잘 파악하고 기업조직의 전문화·국제화 추세에 적응하며, 리더가 정보이용의 극대화를 통해 업무수행을 효과적으로 할 수 있도록 시대 상황에 부응해야 한다. 한마디로 리더의 뒤에서 안테나 역할까지 겸해야 하는 것이다.

이런 역할을 제대로 수행하기 위해서는 자연스럽게 커뮤니케이션 능력이 수반돼야 한다. 커뮤니케이션은 잘 듣고 이해하여 잘 전달하는 능력을 말한다. 비서의 식책은 한 개인으로서가 아니라 리더와 인간관계를 맺고 있는 모든 사람과 관계를 맺고 있으며, 비서의 잘잘못은 회사 전체나 리더의 이미지에 영향을 줄 수 있다. 그렇기에 대화의 내용과 기법에 신경을 써야 한다.

기본적으로 비서의 커뮤니케이션은 리더의 지시를 정확하게 전달하거나 자신의 생각이나 입장을 능숙하게, 또 정확하게 상대에게 전달할 수 있는 능력이 필요하다. 아울러 말하는 것만이 아니라 남의 말을 경청하는 것도 빼놓을 수 없는 일이다. 때에 따라서는 상대방의 말을 잘 소화하고 또 재치 있는 대답이나 어려운 입장에서 슬기롭게 분위기를 흐리지 않고 빠져 나올 수 있는 방법도 터득하고 있어야 한다.

몇 가지 화술과 관련한 테크닉

첫 번째는 대화는 하되 논쟁은 피하는 것이다. 일단 대화를 시작하면 비서는 상대방의 의견에서 공통점을 찾도록 노력해야 한다. 의견이 항상 일치할 수는 없다. 다른 의견으로 인해 미처 생각지 못한 실수를 미연에 막을 수 있으니, 의견이 다르다 해서 내 입장을 고수하겠다는 방어기제를 버린다. 특히나 비서는 능동적이고 유연한 사고가 필요한 직업이다. 받아들이겠다는 자세로 대화에 임한다.

두 번째는 잘못을 엄격하게 지적하지 않도록 해야 한다. 잘못을 지적하기보다는 스스로 깨닫도록 도와주는 것이 좋다. 이것은 자신을 비롯한 주변, 나아가 리더에게까지도 적용되는 화법이다. 남에게 무엇을 가르친다는 것은 사실상 불가능하다. 비서는 더욱 그렇다. 그럼에도 분명히 틀리는 행동이나 말을 했다면 주의를 주기보다는 그것이 틀렸다는 것은 스스로 알 수 있게 넌지시 말해줘야 한다.

세 번째는 자기 잘못을 반드시 인정하라. 구차한 변명보다는 잘못을 인정하는 것이 이미지를 덜 훼손하는 방법이다.

네 번째는 공손하게 이야기하라. 공손한 태도는 상대방의 마음을 사로잡을 수 있다. 상대방이 잘못하여 화가 나더라도 그 자리에서 화를 내면 오히려 반감만 생기게 된다. 친절, 우애, 감사는 분노보다는 훨씬 쉽게 타인의 마음을 바꿀 수 있음을 잊지 말아야 한다.

다섯 번째는 상대가 말할 수 있는 분위기를 만들어야 한다. 비서는 듣는 직업 중 하나이다. 참을성 있게 끝까지 귀를 기울여 들어야 한다. 사회생활을 하면서 상대방을 설득하려고 함에도 듣지 않고 자신의 얘기만 하는 사람들이 있다. 무조건 실패한다. 잘 들어야 잘 말할 수 있다.

여섯 번째 상대방의 입장이 되어서 대화하라. 비서는 대화하는 타인의 상태를 늘 머릿속에 인지해야 한다. 한마디를 할 때도 타인의 상황과 입장을 파악하고 거기에 맞춰 이야기한다. 이런 테크닉은 굳이 비서가 아니더라도 우리의 삶에서 크게 도움이 된다.

비서가 리더에게 조언을 하는 것은 생각보다 어려운 일이다. 하지만 공직 비서는 리더가 올바른 결정을 내릴 수 있도록 때에 따라서는 적극 나서야 할 때도 있다. 그럴 때에도 항상 비서만의 화법으로 대화해야 한다. 리더의 기분을 망쳐가면서까지 조언하는 것은 올바른 방법이 아니다.

PREMIUM TIP

유능한 비서는 대화를 아주 잘한다. 그런데 잘 들어보면 그들의 대화가 현란하거나 수사가 화려한 것이 아니다. 오히려 굉장히 쉽고 이해하기 편하다. 심지어 내가 존중받는 느낌까지 든다. 이유는 간단하다. 그들은 최상위급 화술로 나와 대화하고 있기 때문이다. 비서를 꿈꾸는 사람들이라면 명심하자. 화술은 비서가 가져야 할 가장 기본적인 장비이다.

06

명함 하나를 주더라도
의미를 담아라
리더의 명함을 상대의 기억에 남게

모르는 사람을 처음 만나게 되면 우리는 명함을 주고받는다. 다른 사람에게 나를 알리는 최초의 인사이자 무기인 셈인데, 명함은 시기는 명확하지 않지만 중국에서 유래했다고 전해진다. 우리가 잘 알고 있는 춘추시대의 공자도 명함을 사용했다는 기록이 있다.

중국 춘추시대에는 누구를 찾아갔는데 만나지 못하게 되면 명함을 놓고 갔다. 주인이 돌아와서 그 명함을 보고 다시 그 사람을 찾아가는 것이 그 시대의 법도였다고 한다. 중국에서 사용되었던 명함의 본래 이름은 '명자(名刺)'라고 불렸다. 여기에 쓰이는 '자(刺)'는 대나무 같은 것을 깎아서 거기에 글씨를 쓴다는 뜻을 가지고 있다. 이것이 명나라, 청나라 시대에 들어서는 '명첩(名帖)'으로 바뀌었는데 종이나 비단에 붓으로, 붉은 색 글씨를 써서 신분을 밝힌 것을 말한다. 당시에는 처음 보는 사람에게 출신지, 이름, 감투나 벼슬 등을 적은 명첩을 건네는 게 학자나 벼슬을 하는 관료들의 예의였다고 한다.

우리나라의 경우에도 조선시대에 비슷한 풍습이 있었다고 한다. 정초에 세배를 다니다가 찾아뵈려고 하는 어른이 안 계시면 자기 이름을 종이에 적어 놓고 간 것이 명함의 뿌리다. 이름을 적은 종이를 '세함(歲銜)'이라고 하는데 실제로는 명함의 용도라기보다 오히려 구정에 보내는 연하장의 성격과 비슷했다.

이런 명함이 본격적으로 바뀌게 된 것은 중국에 서양의 자본주의 물결이 밀려오게 되면서 인쇄해서 쓰게 되는 '명편(名便)'이 활성화되면서다. 이것이 오늘날 쓰이는 명함에 가장 가까운 원형이되었고, 이 명편이 우리나라와 일본으로 건너가 '명함'이 됐다고한다. 일제강점기에는 실업가 박흥순이 명함을 순금으로 만들어서, 까다로웠던 일본인 총독과 면담을 성사시켰다는 이야기가 있을 정도로 명함의 위력은 컸다.

서양에서는 'Visiting card'라는 형태로, 사람을 만나러 갔지만못 만날 경우에 이 카드를 남기는 풍습이 있었다고 한다. 이 카드는 16세기 중엽의 독일에서 이탈리아로 유학을 갔던 학생이 귀국하기 전에 가르침을 받은 선생님들에게 인사하러 다니면서, 안타깝게 못 만나게 된 선생님들에게 자기 이름을 남긴 것이 유래이다.

오늘날에도 서양에서는 고객이나 사람을 방문할 때 못 만나고 갈 경우 명함의 한 쪽 귀퉁이를 접어놓는 경우가 있다. 이 경우에 명함에 이름, 주소, 직업 이외에 방문목적을 쓰기도 한다고 한다. 우리나라에서 가장 오래된 명함은 구한말 민영익 씨가 쓴 명함이다.

1883년 민영익은 조선보빙사(지금의 국가 외교사절단)의 자격으로 공사관 개설 차 미국을 방문하고, 당시 미국 대통령이었던 아서 대통령의 주선으로 6개월간 유럽을 여행했다. 이때 영국에서 청나라 공사를 만나서 명함을 건네었는데, 그 명함이 지금까지 전해지고 있는 것이다. 민영익 씨의 명함은 미국에서 만든 종이에 지금 널리 쓰이는 명함과 비슷한 크기에 자신의 필체로 이름이 쓰인 형태의 명함이었다.

선거기간이 되면 후보자들마다 지나가는 사람들에게 자신을 알리려고 명함을 나눠주는 것을 쉽게 볼 수가 있다. 선거판에 오래 있는 분의 이야기를 들으면 명함으로도 당락을 알 수 있다고 한다. 예를 들어 어느 동네에 가서 명함을 나눠주고 한 바퀴 돈 다음 다시 그 장소로 오면 나눠진 개수 대비 떨어진 개수가 어느 정도냐에 따라 당락을 짐작한다고 한다. 물론 믿거나 말거나다.

비서 또한 리더만큼이나 수많은 사람들을 만나게 된다. 그 중에서 지금까지 또렷하게 기억에 남는 사람 중 하나는 자신의 명함을 팔았던 사람이다. 그는 모 출판사 대표로 첫 만남에서 자신과 대화를 해보고 명함을 살지 안 살지 고민해 보라고 했다. 호기심이 들어 대화하다 보니 어느새 대화가 끝날 때쯤엔 그 사람의 명함을 사고 싶은 충동이 들었다. 나는 천 원에 그 대표의 명함을 샀는데 명함에는 자신이 지금까지 출판해온 책들이 고스란히 적혀 있었다.

그래서 "대표님, 왜 명함을 파세요?"라고 되물었다. 그랬더니 자신의 이름이면 상관이 없는데 그동안 함께 작업했던 작가들의 작품들이 녹아있는 명함이라 그렇다고 답했다. 그리고는 곧바로 명함을 산 사람들의 명단을 보여주었는데, 천 원에서부터 수십만 원까지 수십 명의 사람들이 그의 명함을 샀다. 그래서일까. 아마도 나는 이 명함을 오랜 동안 잃어버리지 않을 듯하다.

이렇듯 명함은 누군가의 머릿속에 자신을 각인시키기 좋은 요소이다. 비서로서는 리더의 명함이 상대의 기억에 남게 만들도록 하는 것 역시 중요한 업무이다. 나의 주머니에는 물론 나의 명함보다 리더의 명함이 더 많다. 만나게 될 사람에 맞춰 많이 만들었는데 외국인들이 많이 오는 행사이면 영어, 중국어, 일본어 명함, 장애인들을 위한 행사라면 점자 명함 등을 리더에게 건넨다. 또 소개하고 싶은 우리 지역의 큰 축제, 대규모 행사를 유치하려고 할 때(잼버리, 전국체전, 태권도선수권대회 등)에는 그에 맞춰 명함을 만들어 홍보 활동에 병행하기도 한다.

기본적으로 명함을 건넬 때는 먼저 다가가 인사를 드리고 그다음 명함을 건넨다. 또 만나고 온 다음에는 그 사람의 특징을 명함에 써 놓고, 핸드폰 저장 시 일시와 만났던 장소, 특이사항 등을 적어 놓는다. 기억하기 위해서다. 요즘은 명함을 쉽게 저장해주는 어플이 생겼기 때문에 보다 편하게 이런 절차를 진행할 수 있다.

명함을 서로 주고받을 때는 자리에서 일어나서 두 손으로 주고받아야 한다. 동시에 주고받을 때는 오른손으로 건네고 왼손으로 받는 게 좋다. 윗사람과 함께 초면인 사람을 만나면 윗사람이 먼저 인사를 하고 난 후에 건네야 하고 일반적으로 나이가 어린 사람이 연장자에게 먼저 건넨다. 명함을 건넬 때는 상대방이 내 이름을 읽기 쉽게 돌려서 주며, 이름을 가려서 주면 안 된다. 명함을 받은 뒤에는 바로 주머니나 지갑에 넣지 말고 잠깐 훑어본 후 회사에 관한 짧은 이야기, 명함 디자인, 이름의 의미 등 한두 가지 짧은 질문을 하는 것이 좋다.

조금 더 여유가 있으면 명함을 주고 받은 분이 댁에 귀가하였을 거라고 생각되는 시간에 문자 보내기를 권한다.

"오늘 만나 뵙게 되어서 반가웠습니다."

"다음에 더 좋은 인연으로 만나기를 기원합니다."

이렇게 짧은 메시지를 남기는 것으로 상대에게 나의 인상을 기억하게 하도록 할 수 있다. 한 사람을 안다는 것은 그 사람을 통해 타 지역과, 그 사람의 조직을 얻는 것이기 때문에 최대한 공손하게 그리고 좋은 유대관계를 지내는 것이 좋다.

PREMIUM
TIP

받은 명함은 미팅이나 이야기가 종료되기 전까지 책상 위에 놓아 두면 된다. 하지만 절대 놓고 가서는 안 되며, 상대방이 보는 곳에서 메모를 하면 안 된다. 아울러 특이한 사항은 후에 명함 관리첩에 들어갈 때 그때그때 기록해 놓는다. 비서는 많은 사람을 만나기 때문에 명함이 쉽게 쌓이기 때문이다.

07

리더의 시간을
몇 배로 가치 있게

같은 시간이라도 몇 배의 가치가 더 있도록

비서는 꼼꼼하게 체크해야 할 일이 많다. 특히나 리더가 현장으로 나가는 일이 많을 경우에는 하루 종일 긴장 상태이다. 리더의 어떤 시간도 허투루 쓰이지 않게 하는 것은 기본이고, 나아가 같은 시간이라도 몇 배의 가치가 더 있도록 하기 위해서다.

기본적으로 거의 대부분의 리더는 미리 정해진 하루 일정에 따라 스케줄을 소화한다. 갑자기 행사가 생기거나 미팅 일정이 잡히기도 하지만 이는 극소수이다. 큰 비서실 조직이라면 일정 담당 비서관이 있어 전체적인 일정을 조율하며, 기초자치단체 같은 경우는 수행 비서가 일정업무를 같이 맡기도 한다.

리더의 하루는 매우 바쁘다. 그런데 리더를 만나려는 사람들은 끊임없이 이어진다. 행사도 마찬가지다. 리더를 초대하는 행사는 정말 많다. 리더의 몸은 하나지만 외부 초청행사 참석, 내부 회의들, 민원 청취, 면담, 언론 인터뷰, 현장행정 등 많은 스케줄을 쉴 새 없이 소화해야 한다. 하지만 모든 곳을 다 갈 수는 없는 상황이다.

그렇기에 업무마다 편차를 두고 조율하는 것이 일정 비서관의 주된 업무이다. 모든 행사에서 경중은 따질 수가 없는 것이지만 행사의 성격과 의미 등을 사려깊게 판단하여 리더 참석 혹은 부단체장, 담당 국장, 과장 등의 참석여부를 결정한다. 비서라면 일정에 관한 업무 조율 감각은 꼭 익혀야 할 스킬이다.

리더와 면담 요청이 들어왔을 경우는 월간 일정 중 이미 잡혀 있는 일정과 행사 등을 빠르게 파악하고, 비어있는 날짜와 시간 중 조율해야 한다. 리더가 모든 일정을 비서에게 완전히 위임한 경우라면 스스로 일정을 잡아도 무방하지만, 그렇지 않은 경우라면 우선 비어있는 시간을 확인하고 리더에게 최종 확인 후에 상대에게 전화를 하는 것이 맞는 순서다. 이때는 리더의 일정이 비어 있는 날 중 상대가 원하는 날을 하나가 아닌, 두세 개 정도를 받아서 상의하면 불필요한 소모를 줄일 수 있다.

일정은 일정 프로그램, 구글 캘린더, 엑셀 등으로 작성하여 비서실 전체가 공유하도록 하면 서로 빠르게 리더의 일정을 파악할 수 있다. 일정관리 역시 관련 회의, 외부미팅, 출장 일정 등을 자신만의 방법으로 분류하여 색깔이나 도형으로 캘린더에 표시를 해두면 여러 가지 돌발 상황에서도 한 눈에 빠르고 쉽게 일정 확인이 가능하다. 의회나 연초 신년 인사회, 3·1절, 식목일, 광복절 등 해마다 해오는 고정적인 일정 등은 미리미리 체크하여 다른 일정들과 겹치지 않도록 한다.

외부 행사가 결정이 되면 우선적으로 행사 담당자를 찾아 정확한 시간 계획과 리더의 역할 등을 파악한다. 행사 당일에는 행사 담당자에게 출발시간과 도착예정시간을 알려주면 주최 측에서 준비하기 좋다. 복잡한 동선이 있거나 많은 리더들이 참석하는 행사는 단체 카톡방 등을 만들어 현재의 진행상황과 예측못한 변수 등을 공유하는 것도 하나의 좋은 방법이다.

리더의 특성상 현장이나 국회, 중앙부처 출장이 많은 경우에는 이동시간도 잘 파악해야 한다. 대통령이나 총리 등이 초청하거나 참석하는 행사에 늦지 않는 것은 두말할 것도 없고 평소보다 조금 더 일찍 준비하여 출발해야 한다. 리더가 최고 VIP인 경우에는 너무 빨리 가도 행사를 준비하는 측에서 당황해 할 수 있으니 약 10여 분 정도 여유를 가지고 도착하여 행사에 참석하는 분들과 명함을 주고받으며 인사를 하도록 조율하는 것이 좋다.

이동 시에는 차량을 주로 이용하지만 때로 시간을 절약하기 위해 열차나 비행기를 이용하기도 한다. 국내의 경우 불가피한 제주 출장을 제외하고는 기상 상황에 따른 결항 가능성 때문에 정확한 시간을 예측할 수 있는 KTX, SRT 등 고속열차를 이용하는 것도 좋은 방법이다.

과거, 광주에서 출발하는 김포 행 비행기가 취소된 적이 있어서 간신히 일정을 맞춘 적이 있고, 제주를 출발하여 군산공항에 도착하려 한 비행기가 갑자기 회항하여 제주로 되돌아 갔다가 다시 김포로 도착한 적도 있다. 이런 일련의 경험 탓인지 비행기는 잘 추천하지 않는다. 이동 시간은 안전을 위해 넉넉하게 계산하되 식사시간, 물 마시는 시간, 화장실에 가는 시간도 꼭 집어넣어서 계산한다.

현장에 나왔을 경우에는 비서나 리더의 핸드폰 배터리는 항상 충분하게 충전하고 보조 배터리는 필수다. 겨울에는 특히 더 빠르게 배터리가 방전되므로 주의해야 한다. 긴급한 상황에 통화가 안 되면 그야말로 낭패이다.

또 현장에 나오거나 외부행사에 참석하게 되면 많은 사람들을 만난다. 수많은 사람들이 애로사항을 이야기하고 때론 자신의 개인적인 이야기, 되지 않을 일임을 본인이 더 잘 아는 경우에도 부탁을 하기도 한다.

기분 나쁘지 않게 거절하는 것도 실력이다. 정중하게 다음 일정이 있음을 말씀드리고 명함을 드려 다음에 자세히 이야기를 듣는 것이 좋다. 또 최대한 길에서 허비하는 시간을 줄이는 것은 비서의 일 중 하나다. 자동차는 물론이고 비행기, 기차 등 몇 번이고 이동 동선을 짜봐서 최적의 동선을 맞춰 시간을 아낀다.

그럼에도 불구하고 돌발 상황은 항상 벌어진다. 왜냐하면 일단 리더와 만나면 누구나 많은 이야기를 하고 싶어하고 예정된 미팅 시간을 훌쩍 넘기는 것이 다반사이기 때문이다. 가장 난처한 곳은 장례식장인데 다음 일정이 있는데도 고인의 마음을 생각하여 쉽게 나오기 힘든 경우가 있다. 이런 경우는 많은 말보다 리더 앞에서 시계를 말 없이 보여드리면, 대부분 많은 사람들이 리더의 바쁜 일정을 알기 때문에 양해를 해주신다.

하지만 더 중요한 것은 시간에 쫓기더라도 리더가 중요한 이야기, 시급한 대화 중일 수도 있기에 대화의 맥을 항상 파악해야 한다. 지금 어떤 중요한 말씀을 하고 있는 건지, 다음 일정을 미룰 만큼 대화가 심각한지 등의 판단을, 수행 비서는 현장에서 바로바로 해야 하는 것이다. 아울러 행사가 예정된 시간에 끝나는 경우도 그리 흔치는 않다. 더욱이 예정시간보다 일찍 끝나는 경우는 더더욱 본 적이 없기에, 큰 행사가 있을 때에는 여유 있게 시간을 미리 확보해놓는 것이 좋다.

다소 일정에 여유가 있다면 시간이 걸리더라도 걷는 것을 추천한다. 리더의 운동과 건강을 챙기는 것은 물론 거리나 상점에서 만나는 주민들을 통해 가감 없는 민심을 접할 수 있기 때문이다.

물론 리더의 이미지 홍보에도 도움이 된다.

내가 속해있는 기관에서 행사를 주최하는 경우에는 나의 리더의 시간이 소중한 만큼 다른 분들, 그리고 타 리더들의 시간도 소중하기 때문에 너무 많은 시간이 지체되지 않도록 시간 관리를 대신 해주는 것도 역시 비서의 할 일이다.

PREMIUM
TIP

리더의 시간은 소중하다. 많은 사람들과 소통하는 것도 중요하고 다음 행사에 기다리는 사람들도 중요하다. 정중한 거절도 실력이다. 행사를 주최하는 경우 다른 리더들의 시간도 배려하라. 행사가 늦어지는 느낌은 수행 비서가 가장 잘 알기 때문에 미리 조율이 필요하기도 하다.

08

양날의 검, SNS 잘 사용하는 법

SNS는 리더와 지역민들이 가까워지는 통로

지난 5월 모 국회의원 비서관이 중학생과 전화통화 도중 전직 대통령의 명예를 훼손하는 발언을 던져 결국 사퇴했다. 사건의 발단은 비서인 박 씨가 페이스북에 공유한 국회의장의 불법 주차 기사에 중학생 박 군이 '당신의 국회의원도 불법 주차를 하지 않았냐'는 취지로 댓글을 달면서 시작됐다.

이에 비서 박 씨는 중학생 박 군에게 입에 담지 못할 욕설을 하면서 학교로 찾아간다는 등의 공갈 협박을 서슴치 않았다. 그리고 한 인터넷 신문사가 이 녹취록을 공개하면서 파문은 더욱 커졌다. 결국 그 의원은 자신의 공식 사이트를 통해 "금일 의원실 소속 비서의 적절치 못한 언행으로 인해 피해를 입은 당사자 분들에게 진심으로 사과드린다."며 "또한 많은 분들에게 실망을 안겨 드리게 돼 송구스럽게 생각한다."고 고개를 숙였다. 이어 "이 비서는 본인의 행동에 대해 깊이 뉘우치고 있으며 이에 대한 책임을 지고 사직서를 제출했다."고도 전했다.

그러나 파장은 한동안 사그라들지 않았다. 비서의 막말 파문이 확산되자 대중은 청와대 국민청원 게시판을 찾아 특검까지 요청하는 등 공분을 쏟아낸 것이다. '모 국회의원 비서 그를 신고합니다.'라는 제목으로 청원한 이는 "나랏일을 하는 국가 공무원으로서 나이가 어리고 많고를 떠나 국민을 함부로 호도하고 조롱해서는 안 된다고 본다."는 의견을 내놓았다. 비서의 막말 논란에 의원 자신이 공개 사과하고 사표를 낸 비서도 개인 소셜 미디어에 자신의 언행을 반성하는 사과 글을 올렸지만 이미 사건은 커질대로 커진 뒤였다.

우리나라 국민들의 정치 참여도를 분류하자면 여러 기점이 있지만, 개인적으로는 촛불혁명 전후로 나누는 편이다. 촛불혁명으로 대통령이 탄핵되고 새로 문재인 정부가 탄생하면서 우리는 큰 변화를 경험한다. 그 중 하나가 바로 청와대 국민청원이다. '국민이 물으면 정부가 답한다.'라는 대통령의 국정철학을 지향하고 반영하고자 도입한 직접 소통 수단인 것이다.

청와대 국민청원은 국민이 답변을 원하는 사항이 있을 때 한 달(30일) 이내에 20만 명 이상의 동의 수를 얻게 되면 장관과 수석비서관을 포함한 정부 관계자의 공식 답변을 청와대에서 하게 된다. 국민의 큰 호응 속에 현재까지 28개의 답변을 완료하였다. 상당히 유의미한 답변도 있었지만, 법무장관 거세, 연예인 사형, 스웨덴과의 전쟁, 월드컵 대표팀 러시아에서 걸어오라, 트럼프 탄핵 등 전혀 상관없는 내용 혹은 개인 마녀사냥이 판치는 청와대 청원 게시판의 글들도 있었다.

청와대 국민청원 게시판이 다소 놀이터처럼 운영된다는 우려에 대해, 청와대는 '청와대 청원 게시판이 놀이터가 되지 못할 이유가 없다.'며 '장난스럽고 비현실적인 제안도 이 공간에서는 가능하고, 국민들이 분노를 털어놓을 곳도 필요하다.'고 밝혔다.

SNS 활동도 이와 비슷하다고 생각한다. 요즘 많은 리더들도 SNS를 통한 소통을 활발히 하고 있다. 리더의 활동과 소식, 지역의 정보를 널리 알리는 장점, 또 정책에 대한 제안을 실시간으로 받을 수도 있다. 다소 불만 섞인 의견, 비판만을 위한 비판, 인신공격적 발언도 공개적으로 받을 수 있는 단점이 있다. 하지만 일종의 주민들 의견을 자유롭게 표출하는 해방구 같은 것이기 때문에 적극적으로 소통할 수 있는 공간을 만드는 것, 자체로도 의미가 있다고 본다.

또 리더가 멀리 있는 것이 아니라 주민들 곁에 있으며 거리감을 줍히는데 매우 유효한 방법 중 하나이다. 리더 못지 않게 비서들도 SNS 계정을 운용하기도 한다. 소소한 일상의 대화를 하는 일반인의 SNS와는 다르게 리더의 소식, 정책을 널리 알리는 홍보의 수단으로 이용되기도 한다. 하지만 게시글 하나 올리는 것도 신중하기 마련이다. 개인적인 의견을 피력하는 것보다 마치 뉴스와 같이 객관적으로 신뢰감 있게 운용하는 것이 좋다.

I 비서는 페이스북 달인이라 불린다. 그가 소식을 올릴 때면 최소 2백 명 이상이 '좋아요'를 누르고 수십 개의 댓글과 많은 사람들이 공유를 한다. 심지어 모 신문사 미디어팀은 I 비서의 페이스북 운영방법을 벤치마킹하고 매일매일 체크한다고도 한다. 그는 기본적으로 리더의 일과를 알리고 시민들에게 알리고 싶은 좋은 정책들을 소개한다. 나도 그에게 페이스북 운용에 관해 물어본 적이 있는데 5가지 특징이 있었다.

첫째, 글은 하루에 한 개만 쓴다.

둘째, 리더의 소식은 쉽게 지루해 하기에

　　리더 소식 1 : 재미있고 흥미로운 내용 2 의 비율로 쓴다.

셋째, 핸드폰 한 화면에 들어올 수 있는 짧은 글을 쓴다(길면 읽지 않는다).

넷째, 현장의 느낌을 살릴 수 있도록 사진과 동영상(멋진 공연, 불꽃놀이,

　　사람들 등)을 적절히 배치한다.

다섯째, 묵묵히 현장에서 일하는 사람들을 보여준다.

또한 그는 좋은 내용의 댓글에는 답을 하지 않는데 불만이나 요청 사항에 대해서는 외면하지 않고 꼭 댓글을 달고 연락하여 피드백을 한다. 그것이 자신이 들어야 할 목소리 중 하나라고 생각하기 때문이란다.

SNS를 개인적인 공간으로 생각하고 자신의 목소리를 내는 것도 물론 중요하다. 일반인이라면 그러는 것이 맞다. 하지만 비서는 그래선 안 된다. 말하는 것도 주의해야 하는 비서가 하물며 SNS에서 자신의 일상과 의견을 올린다는 것은 매우 위험한 일이다. 그럼에도 SNS는 필요하다. 리더와 지역민들이 가까워지는 통로이고 또 리더를 인간적으로 이해할 수 있는 공간이기도 하다.

PREMIUM
TIP

　세상 모든 이치가 그러하듯, 어떻게 쓰느냐에 따라 가치는 늘 달라지는 법이다. SNS를 대할 때, 비서를 꿈꾸는 사람들이라면 꼭 되새기자. '이것은 양날의 검이다. 잘못 쓰면 내가 필히 베인다. 쓰기 전 다시 한번 생각하고 써야 한다.'고 말이다.

생각하는 비서가
리더를 키운다

01

'촉(觸)'은
100% 후천적 능력

인간만이 가진 감지 경보 시스템

유능한 비서들은 '촉(觸)'이 발달해 있다. 촉이란 복잡하고 다양한 환경을 꿰뚫어보는 통찰력인 동시에 빠른 변화를 직감하는 힘이다. 인공지능이 바둑을 두는 시대에 무슨 촉이냐고 하겠지만, 촉은 자연스럽게 생기는 감각이 아니다. 다년간의 훈련을 통해 만들어지는 인간만이 가진 감지 경보 시스템이다. 역설적이게도 이런 인간만의 감지 시스템을 가진 예민한 기업들이 현재 세계를 휘어잡고 있기도 하다.

예를 들어 애플, 3M, 유니클로 등이다. 이들은 그들 이전의 거대 기업인 모토로라, 소니, 노키아가 갖지 못한 기민한 감각으로 새로운 시장의 새로운 고객들을 만들어냈고 그 시장을 매년 넓혀 가고 있다. 그것은 논리적이고 분석적인 영역만으로 다 가능한 것은 아니다. 논리를 넘어서는 감각이 있기에 빠른 변화에 적응하는 것이다.

기업에게 촉이란 소비자의 욕구를 몸으로 감지해 변화하여 대응하고 시장을 선도하는 능력을 뜻한다. 이를 개발하기 위해서는 인문학적 소양을 바탕으로 다양한 분야에 대한 포괄적인 시각과 인간을 이해하려는 철학이 필요하다. 리더 역시 마찬가지다. 일반인과 다른 무엇인가가 있다. 그들은 눈 앞에 올 어떤 미래의 형태를 감지하는 훈련이 되어 있다. 변화를 캐치하고 그 변화에 따른 길을 찾아내는 것. 그것이 21세기 리더들의 또 다른 자질인 셈이다.

유능한 비서는 이런 리더들에게서 '촉'을 훈련하는 법을 터득한다. 그도 그럴 것이 리더가 어떤 사안에 대해 미심쩍어 한다면 '왜 그럴까?'를 같이 고민하고 후일 그것이 어떤 긍정적 결과를 도출했을 때 비로소 리더의 판단에 놀라는 일이 잦기 때문이다.

행사 중에 J 비서와 이야기를 하고 있던 적이 있었다. 한참 행사 중 그의 리더가 ○○ 공로로 민간인에게 표창을 주려던 찰나였다. 갑자기 J 비서가 무대 위로 올라가 사회자에게 귓속말을 하기 시작하였다. 그리고 그의 리더는 표창을 주지 못하고 내려왔다. 무슨 일이 있었던 것일까?

이유는 다름 아닌 이것이었다. 선출직 자치단체장들은 선거연도가 돌아오게 되면 공직선거법에 상당한 영향을 받게 된다. 공무원으로서 혹시 모를 선거에 영향을 미치는 행위를 금지하기 위해 만들어진 조항들인데 생각보다 까다롭다. 선거 180일 금지하는 행위, 선거 120일 전, 90일 전, 30일 전, 선거기간 등 시기와 성격에 따라 금지하는 행위가 다르기 때문에 난해하다.

J 비서의 촉은 예비후보자등록신청개시일부터 선거일까지 후보자가 되고자 하는자(자신의 리더)가 자신 명의의 표창을 직접수여할 수 없는데 공직선거법을 어기고 표창을 전수하려는 순간에 발동한 것이다.

선거 기간이 되면 비서들은 공직선거법 관련 법령과 사례집들을 차 안에 가지고 다니면서 달달 외우다시피 한다. 공직선거법과 해당 규정들의 다소의 모호함 때문에 판단하기가 어렵다. 그 중 가장 까다로운 것은 '선거 180일 전 금지되는 행위에서 단체장은 일과 시간에는 공공기관이 주최하는 행사 이외의 행사에는 참석하지 못한다.'라고 되어 있다. 일과시간의 의미, 해당 단체가 공공기관에 해당되는지 사례별로 꼼꼼히 따져야 하기 때문에 주의가 요구된다.

연단에서 내려온 J 비서에게 어떻게 그것을 알았냐고 물었다. 타 자치단체에서도 비슷한 사례가 있어 선거법 위반 논란으로 구설수에 오르고 있다는 기사를 얼핏 본 적이 있어 그냥 연단으로 올라가고 싶었다는 것이었다.

사실 촉은 풍파를 많이 겪은 사람에게서 자주 발견된다. 다양한 위험을 여러 형태로 겪으면서 위험을 감지하는 능력이 계발된 것이다. 시대의 변화를 잘 감지하는 것은 많은 양의 독서와 인간과 사회에 대한 관찰이 요구된다. 아는 만큼 보이고, 본 만큼 아는 것이 이해된다. 이해가 수반되는 현상이라면 그에 따른 다음 변화의 시기 역시 예민한 감각의 낚시줄에 걸리기 마련이다.

비서는 리더의 다양한 경험과 지식을 옆에서 보고 들으며, 그들이 상황을 빨리 판단하고 조치하는 것을 습득한다. 또 비서 스스로도 여러 경험을 통해 기민한 감각을 일깨우기도 한다. 특히 이런 감각은 리더의 행동에서 유출되는 경향이 있다.

사진을 취미로 즐겨 찍는 K 비서의 이야기다. 자신이 모시는 리더가 현안 사업 해결을 위해 꼭 만나야 할 분이지만 시간을 내주지 않아서 만나지 못했는데, 우연히 리더 앞을 지나갔다고 한다. K 비서는 본능적인 촉으로 그 분을 알아차리고 자신의 리더에게 말했고 리더와 그분은 만남을 가졌다고 한다.

K 비서는 역시 본능적으로 만남의 장면을 사진으로 남겼다. 신기한 것은 그렇게 찍은 사진 몇 장이 지역 일간지들의 1면을 장식했다고 한다. '○○리더 지역의 ○○ 현안 관련의 키를 쥐고 있는 A 부총리 만나다' 혹은 '국회 B 상임위원장과 긴밀한 대화, 지역의 고질적인 ○○문제 실타래 풀리나' 등의 제목으로 나왔다는

것이다. 꼭 맞는 이야기는 아니겠지만 더 놀라운 것은 그렇게 언론에 보도되고 난 뒤, 실제로 해당 현안이 해결된 적도 있다는 것이다. K 비서에게 물어보니 그냥 뒷모습이 그 분 같아 보였고, 촉이 '장면을 찍으라'고 시켰다는 것이었다.

나도 그런 경험이 있는데 리더에게 보고되는 서류들은 실무단계부터 몇 단계 검토를 거쳐 올라오기 때문에 정말 대부분의 경우는 오차가 없다. 그럼에도 불구하고 읽을 때 느낌상 막히는 부분이 있다. 그럴 때 담당부서에 문의를 해보면 오류가 있거나 오타가 있는 것이 맞을 때도 있다. 문서 검토의 마지막 단계이기 때문에 그런 것들을 알려주면 담당부서에서도 고마워한다. 물론 정중하게 말씀드리는 것은 예의다.

예민한 감각을 가지고 있는 비서를 둔 리더는 행복한 리더다. 자신의 입장에서 매의 눈으로 바라보고 있는 조력자가 한 명 더 있는 셈이기 때문이다. 당연히 그런 비서는 리더의 신뢰를 받을 수밖에 없다.

PREMIUM
TIP

촉이란 감각은 주어진 것이 아니고 자신의 업무에 열중하고 생각과 훈련으로 만들어지는 것이다. 물론 이것이 없다고 비서 업무를 수행하지 못하는 것은 아니지만, 가지고 있다면 더욱 큰 신뢰를 받을 수 있다. 그런 면에서 꼭 훈련을 통해 감각을 키우길 바란다.

CHAPTER 5 생각하는 비서가 리더를 키운다

02

독서, 생각의 알파와 오메가
필수불가결한 전공수업

독서의 중요성이야 새삼 강조할 이유가 있을까. 세상을 살아가면서 우리가 모든 경험을 할 수 없기에 책이라는 간접 경험으로 지식을 쌓고 시야를 넓히는 것은 극히 당연한 이야기다. 더욱이 비서에게 있어 독서는 필수불가결한 전공수업이다. 식견이 높고 경험이 풍부한 리더의 이야기를 알아듣고 때에 따라서는 조언도 해야 하는 비서가 그 지식이 너무 빤히 보이는 얕은 경지라면, 어느 리더가 신뢰하겠는가.

리더는 농담을 하더라도 거기에 의미를 담는 경우가 많다. 그

의미를 파악하지 못한 채 마냥 웃고만 있다면 그것은 리더의 심중을 헤아려야 하는 비서로서는 직무유기나 다름없다. 시간이 잘 나지 않다 보니 즐겁고 여유로운 독서는 애초부터 무리다. 그렇기에 짬이 날 때마다 책을 들고 보는 것이 일상이다.

독서를 하는 비서들이 주위에 많지만 그중에서도 L 비서는 하루에 책 한권씩 읽는 대단한 독서열정을 발휘하기도 한다. 그가 책을 선택하는 기준은 포켓주머니에 들어갈 수 있을 만큼 크기의 작은 책이다. 가슴에 품고 다니면서 시간이 날 때마다 읽는데, 그 책을 덮기 전까지는 잠을 자지 않을 정도로 독서를 중요하게 여긴다고 한다. 정말 대단한 습관과 집중력이 아닐 수 없다.

나도 앞에서 언급한 매주 2권의 책을 습관적으로 산다는 H 비서를 따라 책을 사는 습관을 들였다. 서점에 갈 여유는 되지 않으니 업무 집중력이 다소 떨어질 시간인 금요일 오후시간을 이용하여 인터넷 서점을 활용해 유행하는 책들을 구입한다.

개인적으로는 특별히 골라서 보는 장르의 책들은 없지만 트렌드를 읽기 위해 베스트셀러를 구입해서 읽는다. 좋은 점은 도서를 검색하고 고르는 순간에도 서평과 대략의 줄거리, 사람들의 관심사 등을 알아 볼 수 있기에 오히려 책 한 권을 자세히 읽는 것보다 더 큰 효과를 얻을 수도 있다. 비서 이전과 다른 점이 있다면 두꺼운 책은 덜 선호하게 됐다는 점이다. 또 내용이 이어져 있는 책들보다는 단락이 나눠져 있는 책들을 구입한다. 이는 어디서나 읽을 수 있는 크기여야 하고 읽다가 멈추더라도 다시 이야기의 전체 줄거리를 되짚어야 할 필요가 없기 때문이다.

그래도 가끔씩은 심리적 여유가 있고 시간이 허락되는 주말의 경우 평소 들고 다닐 수 없는 두꺼운 책들, 소설책 등에 도전하기도 한다. 물론 독서는 본업인 업무를 완벽히 처리한 다음, 계획서, 행사 일정 등을 완벽히 머릿속에 넣은 다음의 이야기다.

책을 읽고 자신의 생각 등을 기록하는 독서노트는 딱히 추천하지 않는다. 간단히 적을 수 있으면 큰 부담은 되지 않겠지만 주객이 전도된 경험이 있어서 개인적으로는 그저 제목만 기록하는 정도에 그친다. 나도 써 본 적은 있는데 처음에는 간단하게 쓰다가 점점 욕심이 생겨 이것저것 쓰게 되고 종래에는 독서노트 쓰는 게 독서하는 것보다 더 어렵고 스트레스를 받는 일이 되었기 때문이다.

요즘에는 다이어리에 책의 제목, 읽은 기간과 한 줄 정도의 짤막한 내용, 나에게 도움이 되는 내용 정도만 적어놓는다. 좋은 책 글귀는 형광펜으로 칠하거나 페이지를 접어놓는다. 그리고 책을 다 읽은 다음 그 부분을 다시 한번 찾아보고 다이어리, 수첩 등에 옮겨 적는다. 귀한 문장 하나는 그 가치가 쓰임새에 따라 엄청나기 때문이다.

책과 더불어 보고서도 자주 읽는 편이다. 리더에게 보고되는 문서, 자료집 혹은 국회발간 자료, 토론회 자료, 주요 현안관련자료, 예산 사업설명서 등이 그것이다. 개인적으로는 특히 보고서를 읽는데 집중을 한다. 리더에게 올라오는 보고서들은 조직에서도 가장 최고급의 보고서들이다. 목차부터 단어, 내용에 이르기까지 세심히 걸러져 만들어진 것들이다. 일명 보고서 중 최고의 보고서들이기에 배울 점이 정말 많다.

공개되는 자료일 경우에는 자료를 수집해놓는다. 낱장으로 되어 있는 보고서는 파일로 저장하고 책으로 묶여진 것은 책장에 분야별로 정리한다. 이를테면 기획, 문화, 복지, 환경, 경제 등 분야별로 보고서를 모아놓으면 나중에 필요로 할 때 쉽게 찾아보고 필요한 부분을 편리하게 참고할 수 있다.

비서는 끊임없이 공부하는 직업이다. 리더와 눈높이를 맞추기 위해서다. 한 조직의 리더는 깊이 있는 경험과 지식이 있는 사람들이다. 리더에게 있어 그 지식은 그저 지식이 아니라, 일상의 중요한 결정으로도 연결된다. 이런 리더들과 대화를 하는데 있어 비서의 깊이가 부족하다면, 그것 역시 리더를 부끄럽게 만드는 일 중 하나이다.

PREMIUM
TIP

비서는 엘리트적 성격을 띠고 있는 직업군이다. 비서가 되기 전 뛰어난 과거가 중요하다는 것이 아니다. 비서가 된 직후부터 스스로 그렇게 생각해야 하는 것이다. 공부하지 않은 사람은 발전이 없듯, 책을 읽지 않는 비서는 미래가 없다.

03

글쓰기는 실력과 힐링의 원천

창의성을 키우는 데도 큰 역할

비서는 일반 부서 구성원과 달리 기획서나 보고서에 큰 비중을 두지 않는 편이다. 특히 수행 비서의 경우 현장의 일이 대부분이다 보니 서류 업무에 골머리를 앓을 일은 상대적으로 적다. 그럼에도 불구하고 비서에게 있어 글쓰기는 여러 면에서 큰 도움이 된다. 업무적인 면에서도 도움이 되지만 바쁜 일상 중에서 자신의 생각을 정리하는 데도 한 몫을 한다.

무엇보다 글쓰기는 창의성을 키우는 데도 큰 역할을 한다. 리더의 지시에 따라 움직이는 비서는 창의성과 어울리지 않는 것 같지만 아니다. 창의성이야말로 현대의 모든 직장인에게 있어야 할 전략적 무기다. 리더의 연설, 기고문 등을 비서가 직접 쓰지는 않지만 리더에게 전달되기까지의 마지막 통로이기에 글을 볼 줄 알면 더할 나위 없이 좋다.

작은 부분에서는 인사말씀에서 주최측 혹은 내빈들의 직책과 성명이 잘못되어 있는지에서 넓게는 내용의 큰 틀과 행사의 성격에 맞는지, 현안에 대한 조직의 입장이 제대로 정리가 되었는지를 꼼꼼하게 체크한다. 물론 현장에서 내빈들의 실제 참석 여부 등을 파악하는 것은 비서의 몫이다. 반드시 거명해야 하는 분들의 존함이 빠져있을 경우에는 리더에게 메모나 귓속말로 알려준다.

좋은 보고서의 원칙

보고서야말로 직장인의 실력을 한눈에 보여주는 지표라고 생각한다. 아무리 내용이나 기획력이 좋아도 그것을 제대로 표현하지 못하면 보는 사람의 눈에 들어올 리가 만무하다. 많은 보고서를 보았을 때 꽤 괜찮은 보고서에는 몇 가지 공통점들이 있었다.

첫 번째는 읽는 사람이 누구인지를 인지하고 있는 보고서다. 보고서를 최종적으로 읽는 사람의 입장(스타일, 성격, 용도)에서 보고서가 만들어지는 것이다.

두 번째는 이슈를 정확히 추출하고 전달하려는 메시지를 분명히 하는 보고서다. 이런 보고서는 몇 가지 공통된 특징이 있다. '한 문장에 두 개 이상의 메시지를 담지 않는다, 문장이 길어도 3줄을 넘지 않는다, 초등학생이 읽어도 내용을 알 수 있도록 쉽게 쓰여져 있다, 용어가 정확하다, 비슷한 내용이 반복되지 않는다, 주장에는 반드시 구체적인 근거가 있다, 객관성과 중립성이 뚜렷하다.' 등이나. 이런 보고서는 내용의 중요성을 차치하고라도 읽는 이의 집중도를 높여주고 또 그에 따른 리더의 피드백을 받을 수도 있다.

세 번째는 보고서를 읽고 정책 결정을 했을 때의 영향과 효과가 머릿속에 그려진다. 부정적인 영향과 긍정적인 효과까지 미리 검토가 끝났기 때문에 정책 현장에서의 부작용 등을 미리 파악해 볼 수 있고 그에 따른 문제점 또한 빠르게 개선할 수 있다.

그리고 마지막으로 좋은 보고서는 짧다는 것이다. 긴 보고서를 보던 국장, 과장들이 입버릇처럼 말하는 '그래서 1장 짜리로 요약된 거 있어?'처럼 간결하게 서술이 잘 되어 있다. 누군가가 말했다. 글은 짧게 쓰지 못해서 길게 쓰는 거라고. 조금 더 이야기하자면 잘 만들어진 보고서는 기본적으로 아래와 같은 원칙들이 있다.

간결성의 원칙   되도록 1장으로 작성, 한 문장은 평균 20~40자

정도로 구성한다.

목적성의 원칙 첫장만 봐도 보고서를 만드는 목적이 분명하다.

핵심성의 원칙 군더더기 없는 핵심 내용만으로 논리적으로 구성한다.

실용성의 원칙 내용을 잘 모르는 사람들이 읽어도 누구나 쉽게 이해하고 실생활에 미치는 영향을 빠르게 파악할 수 있는 수준으로 작성한다.

명확성의 원칙 구체적인 용어 사용, 일목요연하게 작성, 문장을 짧게 작성, 중요하거나 강조할 부분은 눈에 띄게 처리한다.

포괄성의 원칙 보고서를 읽고 궁금증이 없도록 작성, 보고를 받는 자가 보고자에게 무엇을 물어 볼 것인지 사전에 파악해 보고서에 기술하여 질문이 없도록 작성한다.

실제로 M 비서는 해외 출장의 경험을 책으로 만들기도 하였다. 그 나라에서 느꼈던 점, 만났던 사람들, 보았던 곳, 먹었던 음식 등에 대하여 기록으로 남겼다. 그 기록에다 조사한 내용을 더해 정식 발간 중에 있다고도 한다.

나의 경우는 잠시 틈이 날 때 스스로의 생각을 정리하는 글쓰기를 자주하는 편이다. 일종의 힐링으로서의 글쓰기인데, 나의 현 위치와 생각을 정리해서 기록으로 남기고자 하는 의미도 있다. 과거 대학 시절 몇 편의 단편영화 시나리오를 써보기도 했으나 비서로 재직 중인 현재는 메모형태의 글쓰기가 가장 편하다.

이런 글쓰기는 나에게 무언가를 쓴다는 행위를 통한 만족감과 창의성, 더 긴 글을 쓰고 싶다는 욕심을 선사한다. 실제로 초년생 비서 시절부터 틈틈이 시작한 메모가 없었다면 이 책이 만들어질 수도 없었을 것이다.

글쓰기는 개인의 차이가 있는 분야이다. 재능을 타고 나기도 하지만 후천적으로 만들어지기도 한다. 꼭 살 쓸 필요는 없다. 자기 자신을 표현할 수 있을 정도면 충분하다. 머릿속에 있는 것을 문장으로 만드는 작업은 자신에게 큰 장점이 될 수 있다. 특히 비서라면 이런 창의력이 업무에 큰 도움이 된다.

PREMIUM
TIP

스트레스 받아가며 무언가를 쓸 필요는 없지만, 가능하다면 글을 쓰고 또 써가기 위해 자료를 모으고 고민하는 과정은 꼭 한번은 경험해 보기 바란다. 인생의 새로운 가능성이 열릴 수도 있다.

04

Yes 외칠 때, No를 생각하는 여유
리더의 여유는 유머로도 직결

리더는 어떤 급박한 상황에서도 일반인과 달리 여유가 있다. 그러나 그들도 사람인지라 긴장을 하는 순간이 있을 수 있지만, 어떤 면에서 그런 순간마저도 즐기는 듯한 인상이 느껴질 때가 있다. 리더에게서 흔히 볼 수 있는 것이 바로 그런 여유스러움이다. 일면 모두가 'YES'를 외칠 때 'NO'를 생각할 수 있는 정신적 여유말이다.

리더의 여유는 유머로도 직결된다. 특히나 지금 시대의 리더는 유머를 갖추는 것이 당연하게 여겨지기도 한다. 과거의 리더가 베

CHAPTER 5 생각하는 비서가 리더를 키운다

일 속에 가려져 말을 적게함으로써 카리스마와 위엄을 인위적으로 조장하던 때와는 반대로 가는 분위기다.

그러나 요즘은 아니다. 대중과의 만남이 잦아지고 가까워져야만 사람들은 리더에게 매력을 더 느끼게 된다. 유머는 긴장했을 때 나오기 쉽지 않다. 어느 정도 마음의 여유 공간이 자리할 때 생성된다. 그리고 이런 리더의 유머는 어떤 자리에서 건 사람들의 마음을 풀어주고 같이 여유롭게 만들기도 한다.

나의 리더에게도 이런 일화가 있다. 지역에서 심청이와 심봉사의 이야기를 유쾌하게 엮은 전통 창극이 만들어졌는데 지사님을 포함한 관객들 모두 정말 재미있게 관람했다. 하지만 갑자기 당황스러운 일이 발생했다. 지금까지 몇 시간 동안 잘 켜지던 마이크가 공연 후 지사님께서 인사말씀을 하려던 찰나, 잡자마자 갑자기 작동되지 않는 것이 아닌가.

많은 사람들이 웅성거렸고 주최 측은 당황하다 못해 거의 패닉 상태에 이른 얼굴이었다. 그 사이 얼른 다른 보조 마이크를 지사님에게 가져다줬다. 마이크를 잡자마자 지사님께서는 "여기 모든 사람들이 다 심봉사처럼 눈을 떴는데, 이 마이크만 눈을 뜨지 못한 거 같다."고 농담을 던졌다. 마이크가 나오지 않은 것에 대해 긴장하던 주최 측 관계자들은 뜻밖의 농담에 배시시 미소를 지었고 이내 웃음이 터지기 시작했다.

이 사건은 사실 몇 년 전 이야기로, 지금도 당시 참석했던 사람

중에는 공연의 내용보다 지사님의 그 한마디를 기억하는 사람들이 많다. 그만큼 리더의 여유가 사람들에게 깊은 인상을 남겼던 것이다. 사실 현장은 늘 긴장 투성이다. 어떤 일이 어떻게 벌어질지 모른다. 모두가 괜찮다고 말하더라도 좋지 않은 일이 벌어질 수도 있다.

이런 일을 옆에서 지켜보는 비서는 늘 긴장할 수밖에 없다. 그러나 비서가 긴장하면 실수가 더 커질 수도 있다. 너무 긴장하지 않아도 실수가 발생하지만, 그 반대도 똑같다. 그렇기에 비서 역시 리더와 마찬가지로 상황을 둘러볼 심리적 여유와 위기상황을 유연히 대처할 행동의 여유가 있어야 한다.

리더의 또 다른 여유는 회의 시 알 수 있다. 빠르게 변화하는 정책환경, 그 중에서도 과학기술은 그 속도를 가늠할 수가 없다. 때로는 이름조차 생소한 과학기술 관련 회의를 할 때, 리더는 전문가들의 이야기를 경청하고 열심히 메모한다.

리더에 대한 깜짝 놀람은 그 다음 회의에서 느껴진다. 며칠 만에 리더는 많은 전문가들 사이에서도 가장 뛰어난 전문가가 되어 있었다. 그 사이 관련 서적들과 논문들을 찾아 정독하고, 수많은 정보들과 전문가들의 이야기들을 종합한 결과였다. 농담까지 섞어가며 회의를 주재하는 리더의 여유는 끊임없는 노력과 치열한 준비 끝에 나온다는 것 또한 알았다.

여유를 갖고 입체적으로 상황을 분석하는 것은 어렵다. 더구나 때로는 뛰어난 전문성이 입체적인 분석을 방해할 수도 있다. 하지만 리더들은 자신의 시각을 우선하기보다 사안에 대해 찬성자와 반대자의 시각 모두를 들어본다. 기본적으로 한쪽의 입장을 듣더라도 반대쪽 입장까지 고려하고 있기 때문이다. 다른 이면의 내용을 파악하는 능력이 리더의 여유를 만드는 것이며, 나아가 이런 능력을 지녀야만 리더의 자리까지 올라갈 수 있다고 생각한다.

좋은 점은 배워야 한다. 리더가 지닌 여유는 큰 도움이 된다. 상황을 입체적으로 파악하고 지금 보고 있는 사안의 이면까지 고려한다면 최선의 선택을 내릴 수 있다. 비서가 아니더라도 어느 상황에서건 이런 '선택의 여유'를 가진 사람은 성공을 이끌 수 있다고 믿는다.

PREMIUM
TIP

비서는 리더의 여유를 옆에서 생생히 지켜볼 수 있다. 더욱이 이론 수업뿐만 아니라 실전 수업까지 받을 수 있다. 이런 가르침을 마다할 이유가 어디 있겠나. 이런 이유로 비서를 권하는 것이기도 하다.

05

우리는 누군가의 비서,
누군가의 리더다

나는 누구의 비서이자 리더인가?

세상에 태어나게 해주신 것은 별론으로 하고라도 지금까지 길러주시고 먹여주시고 입혀주신 어머니는 나의 첫 비서였다. 아마내 기억이 온전하지 않은 어린 시절엔 수행 비서처럼 어린이집, 유치원을 데려다주셨고 늘 나를 따라다니며 기저귀를 갈아주시고 분유와 이유식을 먹여주셨을 것이다.

회사에 다니시던 어머니는 내가 초등학교 시절 1년에 딱 한번씩 학교에 오셨다. 그날은 바로 다름 아닌 내가 반장이 된 다음날이었고 같은 반 아이들에게 빵과 우유를 간식으로 주려고 학교에 오셨다. 나는 언제나 세련되고 말끔한 원피스 정장 차림의 어머니가 자랑스러웠다. 유난히 기뻐하시던 그날의 어머니의 모습이 좋아서인지 몰라도 초등학교 시절 6년 내내 반장이 되려고 노력하였다. 또 실제 그렇게 되기도 하였다.

'여자는 약하지만 어머니는 강하다.'라는 말을 몸소 느낀 적이 있었다. 평소 고혈압 질환이 있으신 어머니께서는 어느 날 길을 걷다 갑자기 쓰러지셔서 응급실에 실려가셨고 머리를 절개해야 하는 뇌혈관 수술을 받으셔야만 했다. 수술실로 들어가시면서 서울에서 공무원 수험생활을 하던 아들에게는 공부에 지장이 있으니 절대 알리지 말라고 하셨다. 정말 가족 누구도 나에게 알리지 않았다.

나는 그로부터 1년 후 공무원 시험에 합격한 다음에야 이 사실을 알게 되었다. 큰 이모님께서 나를 부둥켜안으시고 '엄마 죽을 뻔했다.'라고 하셔서 눈물이 왈칵 쏟아지고 가슴이 미어졌던 적이 있다. 더구나 어머니는 생사를 넘나드는 큰 수술이 끝나던 그 날에도 나에게 '집에는 아무 일 없으니 공부 열심히 해라.'라는 전화를 하셨다.

아버지는 좀 특별한 비서였는데 주말에만 나를 수행하는 일종의 주말 비서였다. 공무원을 하시던 아버지는 매일 집에 늦게 들어오셨지만 주말에는 나의 손과 발이 되어 내가 가자고 하는 곳이면 어디든 데리고 가셨다.

아버지와 관련된 기억나는 일화는 두 가지가 있는데, 공교롭게도 모두 내가 초등학교 5학년 때의 일이다. 첫 번째는 1993년 대전 엑스포가 개최된 때였다. 당시 대한민국은 88올림픽의 열기를 승화시키고 2000년 새로운 대도약을 위한 새로운 전기와 국민적 각오를 집결하기 위해 엑스포를 유치하였고 또 성공리에 개최하였다. 총 108개 국가가 참가한 대전 엑스포는 총 관람객 1천 4백만 명, 일일 평균 입장객이 15만 명에 달하는 범국민적 사랑을 받았다. 특히 당시 초등학생들에게는 꼭 가보고 싶은 선망의 장소였다.

나도 물론 아버지를 졸라 엑스포장에 갔고 많은 관람객 때문에 겨우 전시관 한 곳을 관람하고 왔다. 실망한 나를 데리고 다시 엑스포장에 가신 아버지께서 선택한 방법은 다름 아닌 본인은 관람을 하지 않는 거였다. 둘이 함께 줄을 서고 있다가 전시관에 입장할 때가 되면 '많은 것을 보고 느껴라.'라는 이 말씀을 하시고 나의 다음 장소 입장을 위해 다른 전시관에 줄을 서셨다. 아버지 덕분에 구석구석 많은 곳을 관람한 나는 엑스포 관람 기행문을 써서 학교 대표로 상을 받은 기억도 있다.

두 번째 일 역시 5학년 때 일인데 유년시절 나는 축구 선수가 되려고 한 적이 있었다. 축구에 소질이 있다는 이야기도 듣고 한참 축구에 재미를 붙인 나는 주말 아침 자고 계신 아버지를 깨워 축구를 하러 가자고 졸랐다. 늘 그랬듯이 나의 우상인 아버지의 멋진 모습을 상상하며 운동장으로 향했지만 아버지는 운동장에 도착하기도 전에 발목을 삐끗해서 넘어지셨다. 한동안 자리에서 일어나지 못하셨고 이 일로 발목에 철심까지 박으셨다. 나 때문에 그렇게 된 거 같아 한동안 죄책감에 쌓였고 그 연유에서인지는 몰라도 축구를 그만두고 일반계 중학교에 진학을 하였다.

아버지는 시골에서 도시로 유학 갈 정도로 공부를 무척 잘 하셨다. 하지만 명문 사립고 입학시험에 떨어지고 후기 고등학교에 들어가면서 공부에 흥미를 잃으셨다. 어려운 집안 형편이었지만 8남매 중 장남이 그래도 대학은 가야지 않겠냐는 주위의 권유로 대학교에 들어가게 되었다. 하지만 학업보다는 부모님과 동생들을 위해 양계장에서 닭을 키워 파셔야 했다. 이후 직업 군인이 되려고도 하셨지만 훈련 중 부대원이 불의의 사고로 죽는 바람에 강제 전역하셨다고 한다. 집안을 일으켜야 한다는 일념 하나로 고시공부에도 도전하였으나, 그것도 뜻대로 되지 않았고 우연찮게 공무원 시험을 보게 되어 시청의 공무원이 되셨다.

나이가 들어서 안 사실인데 아버지께서는 군 시절 사격장의 소총 소리로 인해 귀가 잘 안 들리게 되었다. 하지만 괜찮겠지 하고 이를 무시하고 사셨다고 한다. 나이가 들면서 점점 더 귀가 안 들리게 되셨고, 보청기를 끼게 되면 다소 효과를 보는 시기 또한 지나 지금은 한쪽 귀가 거의 들리지 않으신다.

늘 무뚝뚝하셨던 아버지는 당신이 떨어졌던 명문 사립고등학교에 내가 들어갔을 때, 그리고 당신 뒤를 이어 공무원이 되어 당신이 가고 싶어 했지만 들어가지 못했던 더 큰 기관에 내가 들어갔을 때, 말없이 눈물을 흘리셨다고 한다.

성인이 된 다음에는 비서가 없을 줄 알았지만 얼마 전 비서가 생겼다. 새로운 비서는 다름아닌 결혼한 나의 아내이다. 아내와 나는 소개팅으로 만났다. 유난히 착해 보이는 아내의 눈망울과 언제나 자신을 낮추는 말투에 호감을 느꼈고 첫 만남에서부터 결혼식장에 골인하기까지 3개월이 채 걸리지 않았다. 소개해준 사람은 다름 아닌 행사장에서 우연히 만나게 된 지금 아내의 회사 회장님 수행 비서였다.

당시 아내는 서울에, 나는 전주에 근무를 하고 있었는 데도 왠지 모르게 서로를 소개시켜주고 싶었다고 한다. 아내는 개인 시간이 없는 수행 비서인 나를 100% 이해해주는 사람이었다. 매주 서울에서 전주로 나를 보러왔고 수행 일정이 있을 때에는 잠깐 보기 위해서 행사장으로 찾아오기까지 했다. 결혼 후 지방 근무를 자청해 아예 전주로 내려왔고 바쁜 나를 위해 지금도 임신한 몸을 이끌고도 집안의 크고 작은 일들을 말없이 혼자 해결한다.

언젠가 미안한 마음을 표현했더니 아내는 '결혼했다고 수행 비서 업무에 소홀하지 말고 리더를 전보다 더 잘 모시라.'는 말을 해주었다. 나는 아내를 생각할 때마다 미안한 마음과 고마운 마음이 함께 들어 눈물이 늘 핑 돈다.

아내가 어제 갑자기 이사를 가자고 했다. 뱃속에 있는 아이와 함께 주택을 지어 땅을 밟고 살면 어떻겠냐는 말과 함께 말이다. 아내와 많은 대화를 나누었다. 사실 진짜 속마음은 시댁 부모님인 나의 어머니와 아버지를 모시고 3대가 함께 알콩달콩 사는 것이었다. 고부 간 갈등이 많은 요즘 같은 시대에 시부모님을 모시고 살자는 말을 해준 아내가 고마웠고 어젯밤에는 부모님과 아내, 앞으로 태어날 아이와 함께 한 집에서 행복하게 사는 꿈을 꾸었다. 서로가 서로의 리더이자 비서가 되어주면서 말이다.

PREMIUM
TIP

지금 이 책을 읽고 있다면 잠시 내려놓고 주변을 돌아보자. 내 비서를 자임했던 사람은 누군가? 또 나는 누구의 비서이자 리더인가? 그 해답은 생각보다 결코 멀리 있지 않다. 그리고 그 해답이 바로 나의 행복의 원천이다.

06

공직 비서를 꿈꾸는 후배님들에게

리더의 기대, 그 이상을 하겠다는 각오

최근 노량진 수험생활 시절 나를 자식처럼 아껴주셨던 은사님께 연락을 받았다.

"아직도 비서 업무를 하고 있니?"

은사님에 따르면 당신의 제자 중 그러니까 나의 후배 한 명이 공무원 시험에 합격을 했는데 바로 모 군청 군수님 비서실로 발령을 받았다는 것이다. 그래서 조그마한 거라도 팁을 좀 달라고 연락을 하신 것이다. 처음에는 무슨 말을 해줘야 할까 하다가 그동안의 비서생활이 차근차근 떠올랐다. 그래서 그동안의 메모를 꺼내 곱씹어보고 그에게 해줄 말을 한 자, 한 자 적기 시작했다. 그리고 많은 사람들의 도움으로 그것이 바로 지금의 이 책이 되었다.

몇번이나 언급했던 삼성그룹 사장단 중 비서출신이 47%나 되며, 또한 지난 6·13 선거를 통해 탄생된 민선 7기 지방자치단체장 중에서도 많은 분들 또한 비서실 출신이라고 한다. 타 그룹을 보더라도 현재도 비서실 출신 CEO는 점차 늘어나고 있다. 21세기는 광범위한 인맥과 그룹 전체를 조망하는 조감능력이 장점으로 평가받는, 비서출신들의 약진이 확대되고 있는 시대다.

나는 그에 반해 대단히 유명하거나, 높은 지위를 가진 사람이 아니다. 아직도 업무를 보고 있는 수행 비서일 뿐이다. 다만 이 시간에도 묵묵히 리더의 그림자로 불리는 비서들, 특히 24시간 일거수일투족을 리더와 함께하는 수행 비서들에 관한 소소한 이야기를 전해주고 싶은 마음으로 이 책을 쓰게 되었다.

그동안 비서로 지내온 시간을 스스로 돌이켜보면 그렇게 똑똑하고 현명한 비서는 아니었다. 그래도 내 뒤에 수행 비서를 맡게 될 친구, 현재 누군가를 모시며 수행 비서를 하고 있는, 그리고 언젠가 수행 비서를 희망하는 누군가에게 이 책이 조금이나마 도움이 되었으면 좋겠다는 희망을 가져본다.

이제 책을 마무리 할 시간이다. 지금까지처럼 담담하게 이야기를 하자면, 비서는 리더에게 충심을 다하는 것은 기본이다. 그리고 공직 비서는 리더 개인을 위해서가 아니라 국민을 위해서 업무를 수행하는 사람이다. 또한 여러 노력 끝에 비서가 됐다고 해서 끝이 아니다. 오히려 그때부터 많은 일들이 시작된다.

처음에는 어리둥절할 것이다. 비서가 되는 순간, 자신이 몸담고 있는 조직 구성원 대부분이 나를 알아보게 될 것이고 나아가 자신이 살고 있는 지역의 웬만한 기관에까지도 알려지게 될 것이다. 하지만 그것은 비서인 당신이 대단해서가 아니다. 당신이 모시는 리더 때문이다.

비서가 된 다음날부터 아니 그 이전부터 누구에게나 먼저 다가가고 늘 겸손하고 배려심 있게 행동하라. 좋은 평판을 유지하도록 노력하고 자신을 낮추는 것을 결코 부끄러워하지 마라. 시간이 지나면 지날수록 초심을 잃지 않으며 정진하는 자세를 가져야 한다. 비서들 대부분이 가장 듣기 싫어하는 말이 "처음이랑 달라졌어.", "목이 많이 뻣뻣해졌네."다.

이런 평가는 비서가 끝난 직후부터 자신에게 날카로운 비수로 돌아온다. 장난으로라도 이런 말을 듣지 않도록 해야 한다. 또한 모든 것이 리더에게 매여 있기 때문에 퇴근시간이 늦고 주말에도 출근을 하는 게 다반사다. 행동의 제약도 감수해야 한다. 하지만 그럴만한 가치가 있는 직업이자 업무이다. 조직의 최고 의사결정 권자인 리더를 지근거리에서 보좌하면서 넓은 시야와 조감능력을 키울 수 있고 남들이 해보지 못한 수많은 경험을 해볼 수 있다.

비서의 기회가 온다면 주저 없이 도전해 보길 바란다.

마지막으로, 비서가 되어 언젠가 비서 업무를 그만두게 될 시기가 온다면 그동안 만나고 인연을 맺어왔던 모든 분들께 문자 하나라도 남기는 여유 있는 멋진 비서가 되길 바란다.

안녕하십니까?

○○ 리더의 수행 비서 ○○○입니다.

벌써 차가운 바람이 부는 가을의 끝자락입니다. ○년 전 처음 수행 비서 업무를 맡아 오며 그동안 정이 많이 들었는데, 이번 정기인사로 인해 ○○부서로 자리를 옮기게 되었습니다. 좀 더 오래 함께 해야 하는데 죄송하고 아쉽습니다.

많은 가르침과 늘 관심과 격려로 응원해주셨기에 부족했던 제가 정말 많은 것을 배웠습니다. 후임 ○○○ 비서님께도 많은 성원 부탁드립니다. ^^

그동안 제가 업무를 하면서 불편함이나 부족한 면이 있었다면 넓은 아량으로 이해해주셨으면 합니다. 항상 건강하시고 행복하시길 바라며 좋은 곳에서 또 인사 올리겠습니다.

수행 비서 ○○○ Dream.

유능한 비서의
10가지 기술,
10가지 자질

10 *Skill* 비서 업무 수행을 위해 습득해야 하는 기술

외국어 능력 글로벌한 환경 속에서 외국 출장은 물론 국내에 있는 외국인들과도 소통할 수 있는 상황이 많이 생긴다. 리더 옆에는 전문 통역사가 있을 수도 있지만 비서가 외국어 능력까지 갖추면 금상첨화. 여전히 영어가 세계 공용어에 중국어, 일본어, 프랑스어, 스페인어 정도 간단한 인사말과 표현을 익혀두면 더할 나위 없이 좋다.

문서·구두 의사소통 능력 핵심을 빠르게 파악하는 능력과 조직구성원과 리더 사이의 가교역할을 할 수있는 소통능력, 비서는 대부분 구두로 소통하지만 긴 보고서나 필요한 자료를 A4 1장으로 요약하는 능력도 필요하다.

컴퓨터 활용 능력 요즘은 필수 중에 필수지만, 각종 최신기기 사용법에서부터 각종 서류를 만들기 위한 프로그램(한글, 워드, 엑셀, 파워포인트 등), 더 나아가 SNS(페이스북, 트위터, 인스타그램) 등에 리더의 소식과 정책을 알리기도 한다.

대인관계 형성과 타인에게 먼저 다가가 리더의 대외적 인간관계를 확

유지 능력	장시키고, 늘 호의적인 신뢰관계를 형성함으로써 리더의 업무를 원활하게 하고 인간관계를 더 향상시킨다.
시간관리 능력	리더의 시간을 효과적으로 관리해 효율적으로 업무를 수행하는데 도움을 줄 수 있도록 한다. 또한 리더의 휴식시간, 여가시간 등도 적절히 조화해 최상 컨디션의 리더를 만든다.
민원처리	리더를 대신해 걸어다니는 민원 창구로서 지역민들의 불만과 불편 사항에 대해 경청하여 현재의 상황을 리더에게 가감없이 들려줄 수 있도록 한다. 민원이 해결되든, 되지 않든 결과 그대로 민원인에게 전달하여 신뢰할 수 있는 사람이라는 인식을 심어주는 것도 중요하다.
정보관리 능력	리더에게 정보가 차단되지 않도록 하며, 리더의 상황판단이나 의사결정에 필요한 정보를 검색, 정리, 가공, 축적하는 능력을 기른다.
판단력	혹시 모를 리더 부재시 발생되는 문제를 현재 상황과 정보를 신속하게 분석한 후 정확한 판단을 내리고 빠르게 대응방안을 모색한다.

문제 해결과 위기관리 능력	경험은 가장 큰 자산이자 무기이기에 과거에 비슷한 상황을 어떻게 처리했는가를 토대로 문제점을 해결한다. 문제가 크거나 복잡한 문제일수록 문제의 본질과 목적, 배경을 파악하고, 상황이 바뀌거나 변수가 생겼을 때 적절한 행동과 보고가 필요하다.
예견성	기존의 축적된 경험을 통해 업무나 상황을 사전에 예측하고 대비하는 능력이다.

10 *Ability*

곁에서 본 유능한 비서의 자질

정체성과 신속성	다소 야박하게 느껴질 지라도 원칙과 명분에 맞게 정확하게 업무를 처리하며 신속성까지 갖추어야 한다.
기밀성	자신이 알고 있거나 보관하고 있는 정보에 대해 항상 기밀을 유지하도록 노력한다. 머리는 가볍게 입은 항상 무겁게, 업무를 수행하면서 알게 된 정보나 리더의 기밀이 절대 누설되지 않도록 한다.
공심	국민 전체의 봉사자라는 마음과 일에 대해서는 사익을 추구하기보다는 공적인 이익을 먼저 생각한다.

적극성과 주도성	자신의 일과 조직에 대해 주인 의식과 전문가의 마음가짐을 가지고 리더의 지시가 없이도 남들하기 싫어하는 일이라면 솔선해 주도적으로 업무를 수행한다.
융통성과 적응력	절대 변화하지 않는 것은 단 하나, '세상에 변하지 않는 것은 아무것도 없다는 진리'라는 것을 염두해 두고 변화하는 상황과 새로운 경향, 훈련, 교육 프로그램에 대해 저항없는 유연한 사고를 가지고 능동적으로 참여한다.
인성	바람직한 품성(밝은 인상, 예절, 세심함, 신중함, 친절함, 부지런함, 좋은 매너, 미소와 참을성 등)을 갖도록 노력한다.
충성심과 정직성	무조건적 복종이 아니라 조직에 관한 이해와 지식을 바탕으로 긍지를 갖고 능률적으로 업무처리를 하며, 법과 원칙을 늘 준수한다.
책임감	자신에게 맡겨진 업무를 책임감을 가지고 수행하며 끊임없이 연구하여 해답을 찾을 때까지 고민한다.
자기계발	머물러 있지 않고 미래 지향적인 사고로 자신의 분

야에서 한 발 앞서 나가기 위해 자신의 역량을 계발하고 노력한다.

| 신뢰받는 이미지 | 상대에게 부담을 주지 않는 밝은 인상, 단정한 외모와 건강, 전문가다운 옷차림으로 남에게 신뢰받고 호감을 줄 수 있는 이미지를 갖출 수 있도록 노력한다. |

리더처럼
비서하라